Vegetarisch für Teenager

Das vegetarische Kochbuch für Teenager mit den besten und leckersten 150 fleischlosen Rezepten

1. Auflage 2022

Inhalt

Vorwort

Wie wäre es, wenn du als Teenager selbständig und mühelos herrliche vegetarische Gerichte zauberst? Richtig gut, oder?
Dieses vegetarische Kochbuch soll Jugendliche zeigen, wie sie ohne großer Anstrengung leckere vegetarische Speisen zubereiten.
Neben tollen Rezepten bekommst du auch die besten Tipps & Tricks für das erste Kochen, sowie ein Kochlexikon worin Fachbegriffe für das Kochen genau erklärt werden.

Das Ziel dieses Kochbuchs ist es, jungen Menschen zu helfen, sich selbst zu entdecken, indem sie Lebensmittel verarbeiten und neue Gerichte kreieren. Also auch ein tolles Geschenk für kommende Generationen, um auszuprobieren, was sie mögen und kochen können.

Ein vielfältiges Angebot an Rezepten lädt die ganze Familie zum Genießen, Kochen und Verwöhnen ein. So ist sichergestellt, dass wirklich für jeden etwas dabei ist.

Nun wünschen wir dir viel Erfolg beim Testen und Genießen!

Das Kochlexikon

Kochanfänger, die noch nie zuvor ein Rezept gelesen haben und zum ersten Mal kochen, fühlen sich möglicherweise überfordert, wenn sie ein Kochbuch kaufen und nur die Hälfte davon verstehen.

Es werden Begriffe verwendet, von denen jeder ausgeht, dass auch jeder sie kennen sollte. Wer sich hier aber nicht auskennt, wird einige Zeit damit verbringen dürfen, herauszufinden, was sie denn genau bedeuten. Um bei dem Ganzen schlauer zu werden, haben wir eine kleine Rezeptkunde beigefügt, die es dir leichter machen soll, zu verstehen, was genau bei einigen Vorgängen gemeint ist.

A	**Erklärungen**
Ablöschen	Gemüse, Fleisch oder Bratensatz mit Flüssigkeit begießen.
Abschmecken	Gericht oder Soße probieren und bei Bedarf nachwürzen.
Abschrecken	Eine Speise mit kalter Flüssigkeit begießen.
Anbraten	Gemüse oder Fleisch bei sehr starker Hitze in Fett wenden.
Abbrühen	Speisen mit heißem Wasser übergießen.

Abziehen	Das Entfernen der Haut bei Lebensmittel, die schälbar sind, wie zum Beispiel Tomaten.
Angießen	Zugabe von Flüssigkeit, während das Gericht kocht oder gebraten wird.
Anschwitzen	Hierbei werden Lebensmittel, nur kurz in Fett erhitzt, wie zum Beispiel Zwiebeln. Es soll keine Farbe angenommen werden, sondern nur der Garvorgang beginnen.
Aufschäumen	Eine Flüssigkeit wird mit einem Schneebesen oder Stabmixer geschlagen, damit sie locker und luftig wird.
Auslassen	Dieser Ausdruck bezieht sich auf Speck, denn man in einer Pfanne brät, damit das Fett austreten kann.
Ausrollen	Teig, den man auf einer Unterlage ausrollt. Oft wird dafür ein Nudelholz verwendet.
Ausstreichen	Eine Form mit Fett einstreichen, damit eine Masse beim Backen nicht an der Form haften bleibt, sondern sich lösen lässt.

B	**Erklärungen**
Binden	Eine Soße durch die Zugabe von Mehl etwas fester machen.
Beträufeln	Nur einige Tropfen Flüssigkeit oder Fett über eine Speise geben.

C	**Erklärungen**
Cordon bleu	Ein Schnitzel, das eingeschnitten und mit Schinken und Käse gefüllt wird. Danach wird es außen paniert.

D	**Erklärungen**
Dämpfen	Ein Gericht über Wasserdampf garen.
Dünsten	Ein Gericht im Topf oder der Pfanne abdecken und nur bei geringer Hitze garen lassen.

Dressing	Soße, die man für Salat verwendet.

E	Erklärungen
Einbrennen	Fett in einer Pfanne erhitzen und Mehl dazugeben. Warten, bis sich alles bräunt, dann Flüssigkeit dazugeben und 10 Minuten köcheln lassen.

F	Erklärungen
Filetieren	Fisch mit einem Messer von den Gräten befreien.
Fond	Eine Grundbrühe aus Knochen, Fleischstücken und Gemüse. Diese gibt es fertig zu kaufen, man kann sie aber auch selbst herstellen. Der Fond wird gerne verwendet, um Suppen und Soßen ein Aroma zu geben.
Frittieren	Lebensmittel in heißem Öl garen.

G	Erklärungen
Garen	Speisen durch die Zugabe von Hitze zubereiten.
Garnieren	Ein bereits zubereitetes Gericht mit Gemüse oder Gewürzen dekorieren, damit es ansprechender aussieht.
Gratinieren	Ein Gericht im Ofen überbacken. Dafür wird meistens Käse als oberste Lage verwendet.
Glasieren	Etwas Butter in eine Soße geben, damit diese besonders glänzt.
Garziehen	Etwas in Flüssigkeit aufkochen lassen. Dann Hitze ausstellen, damit das Gargut einfach in der Flüssigkeit nachzieht und gar wird.

H	Erklärungen
Hacken	Ein Lebensmittel mit dem Messer sehr klein schneiden.

Hobeln	Das Zerkleinern von Lebensmittel mit einer Raspel oder einem Hobel

J	**Erklärungen**
Hus	Bratensaft oder Fleischsaft

K	**Erklärungen**
Kasserolle	Eine Pfanne oder ein Topf mit sehr hohem Rand.
Kotelett	Ein Fleischstück, welches aus dem Karre geschnitten wird. Es kann mit oder ohne Rippenknochen gekauft werden.
Kross	Etwas scharf bei hoher Hitze anbraten, damit es eine Kruste erhält.

Karamellisieren	Lebensmittel in eine Pfanne geben und mit Zucker bestreuen. Dabei wird der Zucker braun, die Lebensmittel hingegen erhalten eine leichte Zuckernote.
Kochen	Das Garen in viel Flüssigkeit.
Kurzbraten	Scharfes Anbraten von Lebensmitteln bei hoher Hitze.

L	**Erklärungen**
Legieren, Liieren	Eine Suppe durch Zugabe von Sahne oder Stärke binden.

M	**Erklärungen**
Marinieren	Fleisch in eine Flüssigkeit oder Öl einlegen, damit es einen besonderen Geschmack annimmt.

Montieren	Frische Butter in eine Suppe oder Soße geben, damit diese samtig schmeckt.
Mehlieren	Lebensmittel vor dem Garen in Mehl wenden, damit sich eine Panade bildet und die Saftigkeit erhalten bleibt.

N	**Erklärungen**
Nappieren	Eine Speise mit einer Soße überziehen.

P	**Erklärung**
Panieren	Ein Lebensmittel erst in Mehl, dann in Ei und dann in Paniermehl wenden.
Passieren	Ein Fleischstück, welches aus dem Karre geschnitten wird. Es kann mit oder ohne Rippenknochen gekauft werden.
Pochieren	Etwas in eine warme Flüssigkeit geben und weich kochen.

Prise	Nur eine kleine Menge an Zucker, Gewürzen oder Salz, die zwischen den Daumen und den Zeigefinger passt.
Pürieren	Eine Masse wird mithilfe eines Stampers oder Stabmixers zerkleinert.
Putzen	Die Kontrolle von Obst oder Gemüse. Dabei werden braune Stellen und Schmutz entfernt.

Q	**Erklärungen**
Quellen lassen	Trockene Lebensmittel, die man in Flüssigkeit aufweicht, damit sie aufquellen.

R	**Erklärungen**
Reduzieren	Flüssigkeit so lange mit Hitze einkochen, bis die gewünschte Dicke erreicht hat.

Rösten	Ein Nahrungsmittel mit ständigem Rühren in einer Pfanne oder in einem Topf bei mittlerer Hitze bräunen.
Raspeln	Lebensmittel mithilfe einer Raspel oder Reibe in schmale Streifen zerkleinern.

S	**Erklärungen**
Schmoren	Fleisch garen, in dem es mindestens zu einem Drittel in Flüssigkeit schwimmt.
Sämig kochen	Ein Bindemittel wie Mehl in eine Flüssigkeit geben und diese einkochen, damit sie fester wird.
Schlagen	Eine Masse mit einem Rührgerät oder einem Schneebesen schlagen, damit Luft in die Masse kommt und diese steif wird. Beispiele sind Eiweiß und Sahne.

U	**Erklärungen**
Unterheben	Eine Flüssigkeit oder Creme vorsichtig in einer andere untermischen.

V	**Erklärungen**
Vinaigrette	Eine Salatsoße

Z	**Erklärungen**
Ziehen lassen	Etwas in einer heißen Flüssigkeit liegen lassen, ohne dass diese kocht, damit es gar wird.

Koch-Utensilien für den Anfang

In der Küche sind die richtigen Küchenutensilien das Wichtigste, damit du gut kochen kannst.

Gerade als Kochanfänger ist es wichtig zu wissen, welche Küchenutensilien für professionelle Kochergebnisse notwendig sind.

Jetzt findest du eine Checkliste zu den wichtigsten Küchenutensilien, die du als Einsteiger benötigst.

- Pfannen (Empfohlen: mit einem Durchmesser von 28 cm)
- einen großen und einen kleinen Topf
- Schneidbrett
- Scharfe große und kleine Küchenmesser
- Pfannenwender oder/und Kochlöffel
- Nudelsieb
- Kelle
- Sparschäler
- Küchenwaage
- Messbecher
- Quirl (Schneebesen)
- Kochzange
- Handrührgerät

Optionale Küchenutensilien, die man gut gebrauchen kann:

- Standmixer
- Sieb
- Stabmixer
- Reibe
- Nudelholz

Lebensmittel, die man immer Zuhause haben sollte

Nach Lust und Laune etwas Leckeres kochen, doch dann bemerkt man, dass die richtigen Zutaten fehlen.

Sowas passiert vielen Koch-Neulingen, die viel Zeit allein in der Küche verbringen wollen oder müssen.

<u>Ich habe dir die wichtigsten Zutaten aufgelistet, die du zu Hause haben solltest, damit dir das nicht passiert.</u>

- Nudeln
- Reis
- Mehl
- Eier
- Kartoffeln
- Mehl
- gehackte und passierte Tomaten
- Zucker
- Milch
- Brühe
- Essig
- Sahne
- Käse
- Knoblauch
- Öl/Olivenöl
- Salz & Pfeffer + Gewürze

Die besten Tipps & Tricks fürs erste Kochen

Keine klebende Nudeln mehr.
Wenn man beim Kochen von Nudeln zu wenig Wasser verwendet und die Nudeln während des Kochens nicht umrührt, kleben sie nach dem Abgießen etwas aneinander.
Wenn dir das passiert, dann gebe die Nudeln in heißes Wasser und rühren sie darin um. Du solltest sie jetzt trennen können. Nur noch das Wasser abgießen und fertig.

Gemüse richtig sauber machen.
Verschiedene Gemüsearten haben unterschiedliche Oberflächen. Das bedeutet, dass je nach Schale eine unterschiedliche Reinigungsmöglichkeit besteht. Wenn das Gemüse eine glatte Oberfläche besitzt, kann man es einfach über fließenden Wasser abwaschen, oder mit einem feuchten Tuch abreiben.
Hat das Gemüse aber eine raue Schale, dann solltest du das Gemüse mit einer feinen bzw. weichen Bürste leicht vorsichtig abschrubben. Damit entfernt man Sand und Erdrückstände am besten und schonendsten.

Richtig Zwiebeln schneiden.
Schneide die Zwiebeln mit einem sehr scharfen Messer, damit weniger Gase während des Vorgangs freigesetzt werden. Dadurch werden weniger Zellen gequetscht und weniger Reizstoffe freigesetzt.
Um die Gase etwas unter Kontrolle zu halten, befeuchte das Messer, Schneidebrett und deine Hände kurz unter fließendem Wasser.

Schnell und einfach Kartoffeln schälen.
Die rohen Kartoffeln einfach rundherum einritzen. Lege die Kartoffeln direkt nach dem Kochen in eiskaltes Wasser. Nach ca. 1-2 Minuten herausnehmen. Du kannst die eingeritzte Schale ganz einfach mit den Fingern abziehen.

Geschnittenes Gemüse am besten aufbewahren.
Bewahre das geschnittene Gemüse im kalten Wasser auf, um das Oxidieren und braun werden zu verhindern.

Nie wieder ein rutschiges Brett.
Indem man ein Geschirrhandtuch unter ein Schneidebrett legt, verhindert man, dass das Schneidebrett wandert. Es erleichtert das Schneiden und hilft dabei, Unfälle zu vermeiden, die durch das Abrutschen von einem Messer entstehen könnten.

Ist die Pfanne heiß genug? So überprüfst du das richtig!
Um herauszufinden, ob die Pfanne heiß genug ist, reicht es einen Pfannenwender mit einer Ecke in das Öl zu halten und zu beobachten, ob Bläschen aufsteigen. Wenn Bläschen aufsteigen, ist das Öl heiß genug und es kann zum Kochen begonnen werden.

Sind die Eier noch gut? Die Frische von Eiern herausfinde.
Der Schütteltest: Wenn beim Schütteln des Eies ein glucksendes Geräusch entsteht, geht man davon aus, dass es ein altes Ei ist.
Der Schwimmtest: Wenn man ein frisches Ei in kalte Wasser legt, bleibt es am Boden liegen. Bei einem älteren Ei würde es sich aufrichten oder an der Oberfläche schwimmen. Ein Ei welches senkrecht im Wasser steht, ist in der Regel 2 bis 3 Wochen alt und eines welches älter als 28 Tage ist, würde an der Wasseroberfläche schwimmen. Du kannst diese Eier nur dann ausschließlich zum Backen verwenden, wenn sie auch wirklich geruchsfrei sind.

Frühstücksrezepte

Einfaches Haferflocken Frühstück

Zubereitungszeit: 5 Minuten
Portionen: 1
Zutaten:

- 1 Banane
- 1/2 Tasse / 50 g Haferflocken
- 1 Apfel oder andere Früchte

Zubereitung:

1. Als Erstes den Apfel und die Banane waschen und in kleine Stückchen schneiden. Haferflocken und die Banane sowie den Apfel in eine Frühstücksschale oder Tasse füllen und vermischen, sodass alle Obststücke mit Haferflocken umgeben sind. Dann Milch hinzufügen.
2. Empfohlene Früchte, die ebenfalls sehr lecker dazu schmecken sind: Kirschen, Kiwi und Erdbeeren.

Joghurt Haferflocken Müsli

Zubereitungszeit: 10 Minuten
Portionen: 1
Zutaten:

- 40 g Haferflocken, zarte
- 1 großer Apfel
- 10 g Rosinen
- 10 g Mandeln, klein gehackt
- 1 Tasse Wasser, kaltes (ca. 150 ml)
- 100 g Joghurt
- etwas Zimt

Zubereitung:

1. Die Haferflocken mit dem Wasser übergießen und etwas durchrühren, damit die Flocken das Wasser schneller und besser aufnehmen. Während die Haferflocken quellen, den Apfel in kleine Stückchen schneiden und zu den Haferflocken geben.
2. Dann die Mandeln und die Rosinen zugeben. Nun den Joghurt unterrühren und das Ganze nach Geschmack mit Zimt schön abschmecken.

Bananen Haferflocken mit Honig

Zubereitungszeit: 5 Minuten

Portionen: 1

Zutaten:

- 1 Banane
- etwas Zitronensaft
- 1 EL Haferflocken
- 1 EL Weizenkleie
- 1 TL Honig

Zubereitung:

1. Die Banane klein schneiden und auf einem Teller anrichten und mit Zitronensaft beträufeln.
2. Dann mit Haferflocken und Weizenkeimen bestreuen und mit Honig beträufeln.

Fruchtiges Erdbeer-Bananen-Smoothie mit Haferflocken und Joghurt

Zubereitungszeit: 5 Minuten

Portionen: 2

Zutaten:

- 100 g Erdbeeren
- 1 Banane
- 2 EL Haferflocken, fein
- 200 g Naturjoghurt, fettarm
- 50 ml Milch
- 1 TL Honig

Zubereitung:

1. Banane schälen und klein schneiden. Die Erdbeeren mit den Bananenstücken in den Mixer geben und pürieren.
2. Haferflocken, Naturjoghurt und Milch dazugeben. Zuletzt den Honig unterrühren und alles gut durchmixen.

Raffaello Haferflocken

Zubereitungszeit: 2 Stunden & 5 Minuten
Portionen: 1
Zutaten:

- 3 EL Haferflocken
- 1 EL Nüsse, gemahlen
- 3 EL Kokosraspel
- 50 ml Milch
- 100 g Joghurt
- n. B. Vanillezucker

Zubereitung:

1. Alle Zutaten, bis auf den Vanillezucker, in einer Schüssel vermengen. Je nach gewünschter Konsistenz können mehr Haferflocken oder Milch zugegeben werden.
2. Mit Vanillezucker bis zur gewünschten Süße abschmecken und über Nacht, mindestens aber 2 Stunden, in den Kühlschrank stellen und quellen lassen.

Chiasamen Haferflocken

Zubereitungszeit: 5 Minuten
Portionen: 1
Zutaten:

- 50 g Haferflocken, kernige
- 1 EL Chiasamen
- 1 EL Leinsamenschrot
- 1 TL Vanillepulver oder Honig
- 100 ml Milch, Sojamilch oder Kokosmilch
- 1 Apfel oder anderes Obst
- 1 EL Mandeln, gehobelt, oder Kokosflocken

Zubereitung:

1. Die Haferflocken mit Chiasamen, Leinsamen und Vanille oder auch Honig in ein Glas mit Deckel geben und gründlich vermischen. Nun die Milch zugeben. Den Apfel waschen und schneiden oder reiben und mit in das Glas geben.
2. Die Mandeln oder Kokosflocken darüberstreuen, den Deckel zuschrauben und das Glas einige Stunden in den Kühlschrank stellen.

Haferflocken mit Quarkcreme und Obst

Zubereitungszeit: 10 Minuten
Portionen: 1-2
Zutaten:

- 3 EL Haferflocken
- 1 EL Leinsamen
- 3 EL Milch zum Einweichen für die Haferflocken
- 125 g Magerquark
- etwas Wasser
- 2 Prisen Kurkumapulver, nach Belieben
- 1/2 Banane
- 1/2 Kiwi oder Obst nach Wahl
- 1 Prise Kakaopulver oder Zimt

Zubereitung:

1. In einem Glas oder Gefäß die Haferflocken mit den Leinsamen und der Milch vermischen. Anschließend in einer Schüssel den Magertopfen nach Belieben mit dem Wasser, Kurkuma und den klein geschnittenen Bananenstücken verrühren, so dass eine schöne sanfte Creme entsteht.
2. Die Quarkcreme auf die Haferflockenmischung geben und anschließend mit Kakaopulver oder auch Zimt bestreuen. Anschließend mit Obst nach deiner Wahl, z. B. mit Kiwistücken, dekorieren.

Joghurt mit Haferflocken, Chia- und Leinsamen

Zubereitungszeit: 5 Minuten
Portionen: 1
Zutaten:

- 250 g Naturjoghurt, 3,5 %
- 2 EL Haferflocken
- 1 EL Haferkleie
- 1/2 EL Chiasamen
- 1/2 EL Leinsamen
- 1 Mandarine

Zubereitung:

1. Die Mandarine schälen.
2. Alles in eine kleine Schüssel geben und umrühren.

Bananen-Haferflocken-Kugeln

Zubereitungszeit: 20 Minuten
Portionen: 2
Zutaten:

- 2 große Bananen, sehr reif
- 100 g Haferflocken, zarte
- 60 ml Mandelmilch (Mandeldrink)
- etwas Zimt

Zubereitung:

1. Den Backofen auf 180 Grad bei Ober- und Unterhitze vorheizen.
2. Die geschälten Bananen mit einer Gabel fein zerstampfen, die Haferflocken und die Mandelmilch untermischen und mit Zimt gut abschmecken.
3. Jeweils einen leicht gehäuften Teelöffel der Masse in die Mulden eines Mini-Muffin-Blechs geben, dieses auf einen Backrost stellen und die Kugeln auf mittlerem Einschub ca. 12 bis 15 Minuten backen. Die Kugeln vor dem Herauslösen etwas abkühlen lassen.

Bananen-Haferflocken-Schälchen

Zubereitungszeit: 20 Minuten
Portionen: 2-3
Zutaten:

- 2 Bananen
- 1 EL Honig oder Agavendicksaft
- 100 g Haferflocken, kernige
- 50 g Haferflocken, zarte
- 1 Prise Zimt
- Joghurt und Früchte oder Nüsse zum Befüllen

Zubereitung:

1. Die Bananen schälen und mit einer Gabel zerstampfen. Anschließend die restlichen Zutaten hinzugeben und alles zu einer festen Teigmasse verrühren. Den Teig in vorbereitete Muffinförmchen geben und so an die Ränder drücken, dass kleine Schalen entstehen (sehr gut geeignet sind hier Förmchen aus Silikon).
2. Im heißen Backofen bei 175 °C ca. 15 Minuten backen und danach kurz auskühlen lassen.
3. Mit Joghurt und Früchten oder Nüssen befüllen.

Gekochte Äpfel mit Haferflocken

Zubereitungszeit: 15 Minuten
Portionen: 2
Zutaten:

- 3 Äpfel
- 200 ml Wasser
- etwas Rohrzucker
- 3 EL Haferflocken
- Wasser
- n. B. Zimt, Vanillezucker, Rosinen, gehackte Walnüsse, Mandelstifte, Zitronensaft

Zubereitung:

1. Die Äpfel schälen und Gehäuse entfernen, in Stücke schneiden und in einen Topf mit dem Wasser geben. Zum Kochen bringen. Die Äpfel sollten knapp mit Flüssigkeit bedeckt sein, also Wasser nachgießen. Wenn die Äpfel die gewünschte Konsistenz erreicht haben (nach ca. 5-10 Minuten), Zucker und Haferflocken unterrühren. Gegebenenfalls Wasser nachschütten. Zuletzt kommen die Gewürze hinzu. Passen tut alles, was zu Äpfeln passt.
2. Am besten warm servieren. Eventuell passt perfekt Eis oder eine Vanillesoße dazu.

Porridge mit Heidelbeeren und Banane

Zubereitungszeit: 10 Minuten
Portionen: 2
Zutaten:

- 50 g Haferflocken, blütenzarte
- 100 ml Sojamilch (Sojadrink), oder Hafermilch oder Mandelmilch
- 1 große Banane
- 40 g Heidelbeeren

Zubereitung:

1. Die Banane in Stücke brechen und in eine Schüssel geben. Mit einer Gabel zerdrücken, bis die Banane eine gute breiartige Konsistenz hat. Die Haferflocken dazugeben und mit Milch übergießen. Je nachdem, wie flüssig oder fest das Porridge werden soll, kann man die Menge der Milch gerne variieren.
2. Zuletzt die Heidelbeeren dazugeben und umrühren. Die Schüssel bei höchster Stufe in die Mikrowelle stellen und ca. 1,5-2 Minuten erhitzen.

Banane Berry Porridge

Zubereitungszeit: 10 Minuten
Portionen: 2
Zutaten:

- 150 ml Wasser
- 40 g Haferflocken
- 1 Banane
- einige Beeren nach Wahl, evtl. gemischte
- n. B. Zimtpulver
- n. B. Honig oder Zucker oder Sirup

Zubereitung:

1. Zuerst das Wasser aufkochen, dann die klein geschnittenen Beeren und die Banane dazugeben und etwas mitköcheln lassen. Nach Geschmack Zimt und Honig, Zucker oder Sirup hinzugeben. Zuletzt die Haferflocken dazugeben, und solange bei niedriger Hitze köcheln lassen, bis die gewünschte Konsistenz erreicht ist.
2. Statt Wasser kann man auch Tee oder Milch nehmen (mit Milch wird es schön cremig).

Haferflocken-Crossies

Zubereitungszeit: 1 Stunde & 10 Minuten
Portionen: 2
Zutaten:

- 25 g Kürbiskerne
- 120 g kernige Haferflocken
- 3 EL Honig
- 150 g Zartbitterschokolade
- Backpapier

Zubereitung:

1. Kürbiskerne gut grob hacken. Haferflocken und grob gehackte Kürbiskerne in einer Pfanne für ca. 2-3 Minuten anrösten und dann in eine Schüssel geben und mit dem Honig verrühren.
2. Schokolade grob hacken und über einem warmen Wasserbad schmelzen lassen. Jetzt die geschmolzene Schokolade zu der Haferflocken-Kürbiskern-Mischung geben und vermengen.
3. Mit 2 TL je ca. 40 Häufchen auf zwei mit Backpapier ausgelegte Backbleche verteilen. Haferflocken-Kürbiskern-Häufchen für ca. 1 Stunde kalt stellen.

Haferflocken-Grießbrei

Zubereitungszeit: 10 Minuten
Portionen: 2
Zutaten:

- 4 EL Grieß, (Weichweizengrieß)
- 4 EL Haferflocken
- 1 Banane
- 1 TL Zimtpulver
- 1 Msp. Ingwerpulver
- n. B. Milch
- evtl. Honig

Zubereitung:

1. 4 leicht gehäufte EL Grieß und Haferflocken in einen kleinen Topf geben. Dazu die Banane in Scheiben schneiden, Zimt und Ingwerpulver hinzugeben. Alles nun so im Topf verteilen, dass man eine gleichmäßige Oberfläche hat und nun mit Milch soweit aufgießen, bis die Zutaten gut bedeckt sind. Nun kurz aufkochen lassen, bis es schön blubbert und anschließend bei mittlerer Hitze ziehen lassen, bis es die gewünschte Konsistenz hat. Nicht vergessen dabei regelmäßig umrühren, damit es nicht am Topfboden anbrennt.
2. Anschließend mische noch etwas Honig unter, damit es etwas süßer ist.

Kokos, Blaubeere Overnight Oats

Zubereitungszeit: 5 Minuten
Portionen: 1 Glas
Zutaten:

- 10 EL Haferflocken
- 120 ml Kokosmilch, fettarm, aus dem Tetrapack
- 120 ml Milch oder Wasser
- 150 g Beeren (Blaubeeren)
- einige Kokosflocken

Zubereitung:

1. Die Haferflocken mit der Kokosmilch und der Milch oder dem Wasser vermengen und über Nacht im Kühlschrank quellen lassen.
2. Am nächsten Morgen die Blaubeeren darübergeben und mit Kokosflocken bestreuen.

Lebkuchen-Overnight-Oats

Zubereitungszeit: 5 Minuten

Portionen: 1 Glas

Zutaten:

- 60 g Haferflocken, kernige
- 120 ml Milch
- 1 EL Zuckerrübensirup
- 1/2 TL Lebkuchengewürz
- 1 Prise Salz
- 1 EL Nüsse, gehackt
- 1 EL Rosinen, gehackt

Zubereitung:

1. Alle Zutaten miteinander gründlich vermischen und in einem Schraubglas verschlossen über Nacht im Kühlschrank ziehen lassen. Am nächsten Morgen genießen.
2. Als Topping eignen sich ganze Nüsse, frisches Obst oder in Honig gedünstete Apfelstücke.

Banane-Schoko-Overnight Oats

Zubereitungszeit: 10 Minuten

Portionen: 1 Glas

Zutaten:

- 100 g Haferflocken, fein oder grob, je nach Vorliebe
- 150 ml Mandelmilch (Mandeldrink)
- 1 Banane
- 2 EL Kakaopulver

Zubereitung:

1. Die Haferflocken in ein wiederverschließbares Glas geben.
2. Die Mandelmilch darüber schütten, dabei sollte sie die Haferflocken weitgehend bedecken. Bei Bedarf einfach einen Schluck nachschütten bis es die gewünschte Konsistenz hat.
3. Die Banane schälen, mit einer Gabel zerdrücken und zu den Haferflocken geben.
4. Nun 2 - 3 EL Kakaopulver darüber streuen und alles gründlich umrühren bis sich eine schöne braune Masse ergibt.
5. Am Morgen nur mehr genießen.

Bircher Style Overnight Oats

Zubereitungszeit: 5 Minuten
Portionen: 1 Glas
Zutaten:

- 50 g Haferflocken, kernige, oder Vollkornflockenmischung
- 2 TL Leinsamenschrot
- 2 TL Chiasamen
- 1 TL, gehäuft Zimt
- 1 EL Agavendicksaft
- 1 Handvoll Nüsse (Haselnüsse, Paranüsse, Nussmischung, Mandeln,...)
- 150 ml Mandelmilch (Mandeldrink)
- 100 g Beeren, TK

Zubereitung:

1. Die Nüsse grob hacken. Alle Zutaten in einem verschließbaren Gefäß b.z.w. Glas gut miteinander vermischen. Nun ab in den Kühlschrank.
2. Am nächsten Morgen genießen.

Johannisbeer-Overnight Oats

Zubereitungszeit: 10 Minuten
Portionen: 1 Glas
Zutaten:

- 10 EL Haferflocken, kernig
- 100 g Melone (Galiamelone), das Fruchtfleisch davon
- 100 ml Milch
- 150 g Magerquark
- 100 g Johannisbeeren

Zubereitung:

1. Das Melonenfleisch und die Milch gründlich pürieren, dann die Haferflocken dazugeben, gut vermischen und über die Nacht in den Kühlschrank stellen.
2. Am Morgen den Quark mit der Hälfte der Johannisbeeren verrühren und auf den Haferflockenmix geben. Zuletzt die restlichen Beeren darüber streuen.

Banane, Mango Overnight Oats

Zubereitungszeit: 5 Minuten

Portionen: 1 Glas

Zutaten:

- 10 EL gehäuft Haferflocken, zarte
- 1 TL Chiasamen
- 1 TL Leinsamen
- 1 TL Rosinen
- 200 ml Milch
- 1 Banane
- 80 g Mango
- 5 EL Naturjoghurt, 3,5 % Fett
- etwas Zimtpulver

Zubereitung:

1. Haferflocken, Chiasamen, Leinsamen und Rosinen in ein verschließbares Glas geben und grob vermengen. Vollmilch dazugeben.
2. Darüber Bananen und Mangostücke gut verteilen. Über das Obst, den Joghurt und etwas Zimt geben. Das Glas verschließen und über Nacht in den Kühlschrank stellen.

Cinnamon Roll Overnight Oats

Zubereitungszeit: 5 Minuten

Portionen: 1 Glas

Zutaten:

- 80 g Haferflocken, kernig
- 100 g Joghurt, griechischer
- 120 ml Milch
- 1/2 TL Frischkäse
- 1 TL Rohrzucker
- 1 TL Zimt
- etwas Vanilleextrakt

Zubereitung:

1. Alle Zutaten gründlich miteinander in einem wiederverschließbaren Glas vermischen. Mehrere Stunden, am besten über Nacht, im Kühlschrank ziehen lassen.
2. Den Mix mit weiterem Zimt oder mit gehackten Nüssen bestreuen.

Schoko-Birne-Haselnuss Overnight Oats

Zubereitungszeit: 10 Minuten

Portionen: 1

Zutaten:

- 100 g Haferflocken, zarte
- 1 Handvoll Haselnüsse
- 2 EL Chiasamen
- 2 EL Kakao
- 120 ml Pflanzenmilch (Pflanzendrink)
- 120 ml Birnensaft
- **Für das Topping:**
- 1 Birne
- 2 EL Granatapfelkerne
- Haselnüsse

Zubereitung:

1. Haselnüsse grob hacken und in einer Pfanne ohne Fett anrösten bis sie anfangen schön zu duften. Die Hälfte der Haselnüsse für das Topping zur Seite stellen.
2. Alle Müslizutaten in eine Schüssel geben und gut mixen. In zwei Gläser mit Schraubverschluss füllen und über die Nacht im Kühlschrank ruhen lassen.
3. Am nächsten Morgen mit Birnenspalten, Granatapfelkernen und den restlichen Haselnüssen servieren.

Griechische Erdbeerige Overnight Oats

Zubereitungszeit: 5 Minuten

Portionen: 1 Glas

Zutaten:

- 1 EL Honig
- 85 g gewürfelte Erdbeeren
- 150 ml Milch
- 4 EL griechischer Sahnejoghurt
- 70 g kernige Haferflocken

Zubereitung:

1. Haferflocken in ein wiederverschließbares Glas geben. Sahnejoghurt und Milch darüberschichten und gut vermischen. Mit Erdbeeren und Honig toppen.
2. Jetzt die Overnight Oats übernacht im Kühlschrank stehen lassen und am nächsten Morgen genießen.

Klassische Schokoladen-Overnight Oats

Zubereitungszeit: 5 Minuten

Portionen: 1 Glas

Zutaten:

- 80 g Himbeeren
- 3 EL Bananenchips
- 150 ml Schokomilch
- 70 g Haferflocken

Zubereitung:

1. Erst Haferflocken in ein wiederverschließbares Glas geben. Dann Schokoladenmilch darüber gießen und mit Bananenchips und Himbeeren toppen.
2. Jetzt die Overnight Oats einfach in den Kühlschrank geben und sie am nächsten Morgen genießen.

Karamellige Overnight Oats

Zubereitungszeit: 5 Minuten

Portionen: 1 Glas

Zutaten:

- 1 EL Karamellaufstrich
- 2 EL grob gehackte Pekannüsse
- 1 EL Schokotropfen
- 160 ml Milch
- 70 g kernige Haferflocken

Zubereitung:

1. Haferflocken in ein wiederverschließbares Glas geben. Milch darüber gießen und mit Schokotropfen, Pekannüssen und Karamellaufstrich toppen.
2. Jetzt einfach die Overnight Oats in den Kühlschrank geben und sie am nächsten Morgen genießen.

Crunchy Aprikosen-Overnight Oats

Zubereitungszeit: 5 Minuten

Portionen: 1 Glas

Zutaten:

- 1 EL Ahornsirup
- 3 gewürfelte Aprikosen
- 3 EL grob gehackte Haselnüsse
- 180 ml Mandeldrink
- 75 g kernige Haferflocken

Zubereitung:

1. Haferflocken in ein wiederverschließbares Glas geben. Mandeldrink darüber gießen und mit Haselnüssen, Aprikosen und Ahornsirup toppen.
2. Jetzt die Overnight Oats einfach in den Kühlschrank geben und sie am nächsten Morgen genießen.

Christmas Overnight Oats

Zubereitungszeit: 5 Minuten

Portionen: 1 Glas

Zutaten:

- 1 Tasse (50-70 g) Haferflocken
- 1 Tasse Milch (200 ml)
- 1 ½ kleine Bananen, reif
- 3 EL Preiselbeeren
- 1/4 TL Zimt
- 2 EL, gestr. Kakao
- 3 EL Naturjoghurt
- **Zudem:**
- 1 EL Nüsse
- Zucker nach Geschmack

Zubereitung:

1. Am Abend die Banane zerdrücken und mit Haferflocken, Milch, Preiselbeeren, Zimt, Kakao und Joghurt gut vermischen. Abdecken und in der Küche oder im Kühlschrank über die Nacht stehen lassen.
2. Am Morgen umrühren und nach Geschmack süßen. Danach die Nüsse darauf geben und genießen.

Lebkuchen-Overnight-Oats

Zubereitungszeit: 5 Minuten
Portionen: 2
Zutaten:

- 70 g Haferflocken, kernige
- 150 ml Milch
- 1 EL Zuckerrübensirup
- 1/2 TL Lebkuchengewürz
- 1 Prise Salz
- 1 EL Nüsse, gehackt
- 1 EL Rosinen, gehackt

Zubereitung:

1. Alle Zutaten miteinander vermischen und in einem Schraubglas verschlossen über Nacht im Kühlschrank ziehen lassen. Am nächsten Morgen genießen.
2. Als Topping eignen sich ganze Nüsse, frisches Obst oder in Honig gedünstete Apfelstücke.

Kokos, Limette Overnight Oats

Zubereitungszeit: 5 Minuten
Portionen: 1 Glas
Zutaten:

- 80 g Haferflocken
- 200 ml Mandelmilch
- 60 g griechischer Joghurt
- 2 Esslöffel Stevia, flüssig
- 4 Limetten (unbehandelt)
- 2 Esslöffel Kokosraspeln

Zubereitung:

1. In einem wiederverschließbaren Glas Haferflocken mit Mandelmilch und Joghurt gut vermischen.
2. Die Schalen der Limetten mit einer feinen Reibe abhobeln. Limettenzesten zusammen mit dem Saft einer Limette, Stevia und Kokosraspeln zu den Haferflocken geben und vermischen. Anschließend in den Kühlschrank stellen und quellen lassen.

Spekulatius-Overnight Oats

Zubereitungszeit: 5 Minuten

Portionen: 1 Glas

Zutaten:

- 150 ml Milch
- 70 g Haferflocken, zarte
- 1 TL Spekulatiusgewürz
- 4 Spekulatiuskekse
- 1 Orange

Zubereitung:

1. Haferflocken mit der Milch in ein wiederverschließbares Glas geben und das Spekulatiusgewürz hinzugeben.
2. Orange filetieren, Kekse hacken und beides abwechselnd mit den Oats in ein das Glas geben.
3. Nun in den Kühlschrank stellen und in den nächsten Stunden oder nächsten Morgen genießen.

Overnight Oats mit weißer Schokolade

Zubereitungszeit: 5 Minuten

Portionen: 1 Glas

Zutaten:

- 150 ml Milch
- 70 g Haferflocken
- Bourbon-Vanille
- 3 EL Macadamia Nüsse
- 60 g weiße Schokolade

Zubereitung:

1. In einem wiederverschließbaren Glas Haferflocken, Milch und das Vanille hineingeben.
2. Macadamia Nüsse hacken, Schokolade fein raspeln und zu den Overnight Oats geben.
3. Nun in den Kühlschrank stellen und am nächsten Morgen kalt oder Warm (Mikrowelle) genießen.

Vanille-Mohn-Overnight Oats

Zubereitungszeit: 10 Minuten
Portionen: 1 Glas
Zutaten:

- 70 Haferflocken
- 10 g Mohn
- 200 ml Hafer Milk
- 1 TL Vanillezucker
- 2-3 Dinkel-Kekse

Zubereitung:

1. Dinkel-Kekse mit einem Mörser oder Löffelrücken etwas zerkleinern. Ein wenig von den Keks-Crisps zur Seite stellen. Alle übrigen Zutaten miteinander verrühren, in ein wiederverschließbaren Glas füllen und mit den übrigen Crisps verzieren.
2. Über Nacht in den Kühlschrank stellen und morgens genießen.

Apfelkuchen-Overnight-Oats

Zubereitungszeit: 5 Minuten
Portionen: 1 Glas
Zutaten:

- 2 halbe kleingeschnittene Äpfel
- 5 EL Apfelmus
- eine Prise Zimt
- ein Schuss Ahornsirup
- **Zutaten für das Topping:**
- 60 g Haferflocken
- 10 TL Mehl
- 4 TL Ahornsirup
- Zimt nach Wahl
- ein paar Apfelstücke

Zubereitung:

1. Alle Zutaten, bis auf die fürs Topping, gründlich miteinander vermengen, in ein wiederverschließbares Glas füllen und über Nacht zugedeckt in den Kühlschrank stellen.
2. Am nächsten Morgen wird das Topping zubereitet. Dafür in einer Schüssel einfach alle Zutaten miteinander vermengen und über die Haferflockenmischung geben. Fertig sind die Overnight Oats im Apfelkuchen-Stil.

Fruchtiger Erdbeer-Bananen-Smoothie mit Haferflocken und Joghurt

Zubereitungszeit: 5 Minuten
Portionen: 2
Zutaten:

- 250 g Erdbeeren
- 2 Bananen
- 5 EL Haferflocken, fein
- 300 g Naturjoghurt, fettarm
- 100 ml Milch
- 2 TL Honig

Zubereitung:

1. Bananen schälen und klein schneiden. Die Erdbeeren mit den Bananenstücken in den Mixer geben und pürieren.
2. Haferflocken, Naturjoghurt und Milch dazugeben. Zuletzt den Honig unterrühren und alles gut durchmixen.

Kokos-Haferflocken

Zubereitungszeit: 5 Minuten & 2 Stunden Wartezeit
Portionen: 2
Zutaten:

- 150 g Haferflocken
- 40 g Mandeln, gemahlen
- 5 EL Kokosraspel
- 300 ml Milch
- 100 g Joghurt
- n. B. Vanillezucker

Zubereitung:

1. Alle Zutaten, bis auf den Vanillezucker, in einer Schüssel vermengen. Je nach gewünschter Konsistenz können mehr Haferflocken oder Milch zugegeben werden.
2. Mit Vanillezucker bis zur gewünschten Süße abschmecken und über Nacht, mindestens aber 2 Stunden, in den Kühlschrank stellen und quellen lassen.

Chiasamen-Haferflocken

Zubereitungszeit: 5 Minuten
Portionen: 3
Zutaten:

- 135 g Haferflocken, kernige
- 3 EL Chiasamen
- 3 EL Leinsamenschrot
- 2 TL Vanillepulver oder Honig
- 300 ml Milch, Sojamilch oder Kokosmilch
- 1 Apfel oder anderes Obst
- 1 EL Mandeln, gehobelt, oder Kokosflocken

Zubereitung:

1. Die Haferflocken mit Chiasamen, Leinsamen und Vanille oder auch Honig in ein Glas mit Deckel geben und gründlich vermischen. Nun die Milch zugeben. Den Apfel waschen und schneiden oder reiben und mit in das Glas geben.
2. Die Mandeln oder Kokosflocken darüberstreuen, den Deckel zuschrauben und das Glas einige Stunden in den Kühlschrank stellen.

Haferflocken mit Quarkcreme und Obst

Zubereitungszeit: 10 Minuten
Portionen: 2
Zutaten:

- 130 g Haferflocken
- 3 EL Leinsamen
- 60 ml für die Haferflocken
- 150 g Magerquark
- etwas Wasser
- 3 Prisen Kurkumapulver, nach Belieben
- 1 Banane
- 1 Kiwi oder Obst nach Wahl
- 1 Prise Kakaopulver 100 % oder Zimt

Zubereitung:

1. In einem Glas oder Gefäß die Haferflocken mit den Leinsamen und der Milch vermischen. Anschließend in einer Schüssel den Magertopfen nach Belieben mit dem Wasser, Kurkuma und den klein geschnittenen Bananenstücken verrühren, sodass eine schöne sanfte Creme entsteht.
2. Die Quarkcreme auf die Haferflockenmischung geben und anschließend mit Kakaopulver oder auch Zimt bestreuen. Anschließend mit Obst nach deiner Wahl, z. B. mit Kiwistücken, dekorieren.

Porridge mit Heidelbeeren und Banane

Zubereitungszeit: 5 Minuten
Portionen: 3
Zutaten:

- 150 g Haferflocken, blütenzarte
- 200 ml Sojamilch (Sojadrink), oder Hafermilch
- 2 große Bananen
- 100 g Heidelbeeren (TK), aufgetaut

Zubereitung:

1. Die Bananen in Stücke brechen und in eine Schüssel geben. Mit einer Gabel zerdrücken, bis die Bananen eine gute breiartige Konsistenz hat. Die Haferflocken dazugeben und mit Milch übergießen. Je nachdem, wie flüssig oder fest das Porridge werden soll, kann man die Menge der Milch gerne variieren.
2. Zuletzt die Heidelbeeren dazugeben und umrühren. Die Schüssel bei höchster Stufe in die Mikrowelle stellen und ca. 1,5-2 Minuten erhitzen.

Banane-Berry-Porridge

Zubereitungszeit: 15 Minuten
Portionen: 3
Zutaten:

- 350 ml Wasser
- 120 g Haferflocken
- 2 Bananen
- einige Beeren nach Wahl, evtl. gemischte (TK), aufgetaut
- n. B. Zimtpulver
- n. B. Honig oder Zucker oder Sirup

Zubereitung:

1. Zuerst das Wasser aufkochen, dann die klein geschnittenen Beeren und die Bananen dazugeben und etwas mitköcheln lassen. Nach Geschmack Zimt und Honig, Zucker oder Sirup hinzugeben. Zuletzt die Haferflocken dazugeben, und solange bei niedriger Hitze köcheln lassen, bis die gewünschte Konsistenz erreicht ist.
2. Statt Wasser kann man auch Tee oder Milch nehmen (mit Milch wird es schön cremig).

Haferflocken-Grießbrei

Zubereitungszeit: 20 Minuten
Portionen: 3
Zutaten:

- 10 EL Grieß, (Weichweizengrieß)
- 10 EL Haferflocken
- 2 Bananen
- 2 TL Zimtpulver
- 2 Msp. Ingwerpulver
- n. B. Milch
- evtl. Honig

Zubereitung:

1. 10 leicht gehäufte EL Grieß und Haferflocken in einen kleinen Topf geben. Dazu die Bananen in Scheiben schneiden, Zimt und Ingwerpulver hinzugeben. Alles nun so im Topf verteilen, dass man eine gleichmäßige Oberfläche hat und nun mit Milch so weit aufgießen, bis die Zutaten gut bedeckt sind. Nun kurz aufkochen lassen, bis es blubbert und anschließend bei mittlerer Hitze ziehen lassen, bis es die gewünschte Konsistenz hat. Nicht vergessen dabei regelmäßig umrühren, damit es nicht am Topfboden anbrennt.
2. Anschließend mische noch etwas Honig unter, damit es etwas süßer ist.

Ayurvedischer Haferflocken-Brei

Zubereitungszeit: 20 Minuten
Portionen: 2-3
Zutaten:

- 500 ml Wasser
- 4 Handvoll Rosinen
- 2 Pck. Vanillinzucker
- 2 Prisen Kardamompulver
- 2 Äpfel
- 150 g Haferflocken
- Zimtpulver
- Ahornsirup

Zubereitung:

1. Die Äpfel in kleine Würfel schneiden. Dann das Wasser aufkochen, die Rosinen, den Vanillinzucker und eine Prise Kardamom hinzugeben, ca. 2-3 Minuten köcheln lassen.
2. Nun die Apfelwürfel hinzugeben und köcheln lassen, bis der Apfel etwas weich wird. Danach die Haferflocken hinzugeben und unter ständigem Rühren köcheln lassen, bis das Ganze einen Brei ergibt.
3. Nun können nach Lust und Laune Zimt und Ahornsirup hinzugegeben werden. Zum Schluss muss das Ganze nur noch serviert werden.

Bananen Pancakes

Zubereitungszeit: 20 Minuten
Portionen: ca. 16 Pancakes
Zutaten:

- 200 g Mehl
- 1 Ei
- 300 ml Milch
- 1 EL Vanillezucker
- 1 Messerspitze Zimt
- 1 Prise Salz
- 2 TL Backpulver
- 2 Bananen
- 25 g geschmolzene Butter
- etwas Öl zum Anbraten
- Ahornsirup als Topping

Zubereitung:

1. Die ganzen Zutaten bis auf Bananen und Butter mit dem Handrührgerät oder der Küchenmaschine verrühren. Die Bananen mit einer Gabel zerquetschen, mit der geschmolzenen Butter zum Teig dazugeben und gut unterrühren, bis ein homogener Teig entstanden ist.
2. In einer Pfanne etwas Öl erhitzen.
3. Portionsweise den Teig in die Pfanne geben, sodass kleine Pancakes in ca. 10cm Durchmesser entstehen. Hierbei die Hitze niedrig bis mittelstark halten.
4. Sobald man auf der Oberseite Bläschen erkennt, ist es an der Zeit, die mini Pfannenkuchen zu wenden.
5. Sind die Pancakes auf beiden Seiten goldbraun, können sie mit Ahornsirup serviert werden.

Zimt-Waffeln

Zubereitungszeit: 20 Minuten
Portionen: 4
Zutaten:

- 125 g Butter (weiche)
- 125 g Zucker
- 250 g Mehl
- 3 Eier
- 1 TL Zimtpulver
- 1/2 TL Backpulver
- 1 Prise Salz
- 250 ml Milch
- 2 EL Butter

Zubereitung:

1. Mehl mit dem Backpulver vermengen. Butter, Zucker, Zimtpulver und Eidotter schaumig rühren.
2. Das Mehl einrühren und die Milch unter den Teig rühren.
3. Eiklar und Salz cremig aufschlagen und unter den Teig heben.
4. Mit etwas Butter das schon erhitzte Waffeleisen bestreichen, 2-3 Esslöffel (je nach Waffeleisen) Teig darauf verteilen und etwa 5 Minuten hellblond und knusprig backen.
5. Mit Zimtzucker bestreuen und genießen.

Vitaminsalat

Zubereitungszeit: 15 Minuten

Portionen: 3

Zutaten:

- 2 Orangen
- 600 g Weintrauben
- 2 Bananen
- 1 EL Zitronensaft
- 125 ml Orangensaft
- 1 EL Honig

Zubereitung:

1. Die Orangen schälen und in kleine Stücke schneiden.
2. Dann die Trauben gründlich waschen und halbieren.
3. Als Nächstes die Bananen ebenfalls schälen und in kleine Scheiben schneiden.
4. Die Obststücke in einer Schüssel mit dem Zitronensaft gut vermischen.
5. Die Marinade den Orangensaft mit dem Honig gut verrühren.
6. Die Marinade über den Fruchtsalat gießen, gut durchmischen und ca. 10 Minuten ziehen lassen.

Topfencreme mit Früchten

Zubereitungszeit: 15 Minuten

Portionen: 4

Zutaten:

- 250 g Magertopfen
- 250 ml Rama Creme fine zum Schlagen
- 100 g Zucker
- 100 g Früchte nach Saison

Zubereitung:

1. Rama Creme fine mit einem Schneebesen oder Handmixer schlagen, mit Zucker und Topfen verrühren und in Dessertschalen anrichten und mit kleingeschnittenen Früchten z.B. Erdbeeren, Himbeeren, Pfirsiche etc. belegen.
2. Fertig ist das schnelle und köstliche Gericht.

Toast mit Spiegelei

Zubereitungszeit: 30 Minuten
Portionen: 3
Zutaten:

- 3 Scheiben Toastbrot
- 3 Eier
- 3 EL Frischkäse
- 1 ½ TL gehackte Kräuter
- 3 Prisen Salz

Zubereitung:

1. Die Eier aufschlagen und in einer Pfanne als Spiegeleier braten.
2. Den Frischkäse mit den Kräutern vermengen. Den Toast braun antoasten und mit dem Kräuterfrischkäse bestreichen.
3. Darauf nun noch das Spiegelei geben und etwas salzen.

Tomaten Omelette

Zubereitungszeit: 15 Minuten
Portionen: 4
Zutaten:

- 8 Eier
- 4 Frühlingszwiebeln
- 150 g Cherrytomaten
- 2 EL Soja Cuisine
- 1 EL Rapsöl
- 1 TL Petersilie, gehackt
- 1 Prise Pfeffer

Zubereitung:

1. Frühlingszwiebeln waschen und in Ringe schneiden.
2. Eier mit Soja Cuisine und Pfeffer mischen.
3. Öl in einer Pfanne erhitzen.
4. Tomaten waschen und würfeln.
5. Hälfte der Frühlingszwiebeln in die Pfanne geben und andünsten. Tomaten dazugeben und 2 Minuten dünsten. Eimasse darüber geben und mit Petersilie und Pfeffer bestreuen.
6. Eimasse zudecken und bei mittlerer Hitze 10 Minuten stocken lassen.
7. Beim Servieren restliche Lauchzwiebeln darüber geben.

Sahne-Grießbrei

Zubereitungszeit: 20 Minuten
Portionen: 2-3
Zutaten:

- 200 ml Milch
- 2 EL Kristallzucker
- 1 TL Zimt (gemahlen)
- 1 Pk Vanillezucker
- 1 TL Vanillearoma
- 25 g Butter
- 100 ml Sahne
- 50 g Grieß

Zubereitung:

1. Alle Zutaten bis auf den Grieß werden in einem Topf aufgekocht, danach wird der Topf von der Herdplatte genommen und der Grieß eingerührt.
2. Im Anschluss wird das Ganze für ca. 5 Minuten quellen gelassen, bis eine breiige Masse entstanden ist. Nach Bedarf mit Zucker oder Süßstoff nachsüßen.

Rührei mit Champignons

Zubereitungszeit: 30 Minuten
Portionen: 3
Zutaten:

- 200 g Champignons
- 1 Prise Salz
- 6 Eier
- 1 TL Butter
- 1 Bund Petersilie
- 1 Prise Pfeffer
- 100 g Kirschtomaten
- 50 g Butterkäse

Zubereitung:

1. Die Champignons gründlich putzen und in feine Scheiben schneiden. Die Butter in einer Pfanne erwärmen, die Champignons darin schön anbraten. Eier dazuschlagen und unter leichtem Durchrühren garen.
2. Die Petersilie abtupfen, waschen und trocknen lassen. Die Kirschtomaten waschen und vierteln. Den Butterkäse in feine Würfel schneiden.
3. Die Eierspeise mit Salz und Pfeffer würzen, kurz vor dem Servieren die Kirschtomaten und den Butterkäse unterheben.

Rezepte mit Kartoffeln

Kartoffelauflauf mit Käse

Zubereitungszeit: 40 Minuten
Portionen: 2
Zutaten:

- 150 g Gouda, gerieben
- ½ Becher Schmand
- 300 g Kartoffeln
- ½ Bund Schnittlauch
- 150 ml Sahne
- Butter zum Einfetten
- Salz
- Pfeffer

Zubereitung:

1. Ofen auf 200 Grad vorheizen. Auflaufform mit Butter einfetten und in den Ofen stellen, damit sie sich erwärmt.
2. Kartoffeln schälen und in sehr dünne Scheiben schneiden. Diese dann in der Auflaufform verteilen. Etwas Butter auf die Kartoffeln geben und alles für 20 Minuten im Ofen bei 200 Grad backen.
3. Schnittlauch waschen und in Ringe schneiden. Mit allen restlichen Zutaten zusammen mischen. Die Mischung auf die Kartoffeln geben und alles nochmals 10 Minuten backen.

Kartoffel-Zwiebel-Pfanne mit Spiegeleiern

Zubereitungszeit: 30 Minuten
Portionen: 1
Zutaten:

- 1 Dose Tomaten, gehackt
- 3 Kartoffeln
- 1 Knoblauchzehe
- 2 Eier
- 3 Zwiebeln
- Salz
- Pfeffer
- Fett zum Braten

Zubereitung:

1. Zwiebeln und Kartoffeln schälen. Dann in Würfel schneiden.
2. Fett in einer Pfanne erhitzen, Kartoffeln und Zwiebeln darin 4 Minuten unter wenden braten.
3. Gehackte Tomaten in die Pfanne geben, alles salzen und pfeffern. Pfanne abdecken und 15 Minuten garen lassen.
4. In einer zweiten Pfanne etwas Fett erhitzen und Eier hineingeben. Diese bei mittlerer Hitze 5 Minuten garen lassen. Die fertigen Spiegeleier dann zu der Kartoffelpfanne servieren.

Kartoffelchips

Zubereitungszeit: 30 Minuten
Portionen: 4
Zutaten:

- 400 g Kartoffeln
- Öl zum Bepinseln
- ½ TL Salz

Zubereitung:

1. Backofen auf 200 Grad vorheizen und Backblech mit Backpapier belegen.
2. Kartoffeln schälen und in dünne Scheiben schneiden. Mit Öl bestreichen, Salz darauf streuen und auf das Backblech geben. Dann im Ofen für 15 Minuten backen.

Kartoffel-Omelette mit Zwiebel und Paprika

Zubereitungszeit: 40 Minuten
Portionen: 4
Zutaten:

- ½ TL Salz
- 750 g Kartoffeln
- 4 EL Olivenöl
- 6 Eier
- 1 Paprikaschote, rot
- 2 Zwiebeln
- ½ TL Pfeffer
- Öl zum Braten

Zubereitung:

1. Kartoffeln schälen, halb schneiden und dann in Scheiben schneiden.
2. Zwiebeln schälen und in Scheiben schneiden.
3. In einer Pfanne Öl erhitzen. Zwiebeln und Kartoffeln anbraten. Dann Hitze herunter stellen und abdecken. 25 Minuten garen lassen, salzen und pfeffern.
4. Eier in einer Schüssel klein schlagen und über die Kartoffeln geben. Pfanne abdecken und nach 5 Minuten die Mischung auf einen Teller gleiten lassen.

Käsekartoffeln

Zubereitungszeit: 45 Minuten
Portionen: 4
Zutaten:

- 1 kg Kartoffeln, festkochend
- 300 g Gouda, gerieben
- 2 EL Butter
- Salz

Zubereitung:

1. Kartoffeln waschen und mit der Schale in einem Topf mit Wasser 15 Minuten lang kochen.
2. Kartoffeln abgießen und halb schneiden.
3. Backofen auf 220 Grad vorheizen. Backblech mit Kartoffeln belegen. Dabei muss die Schnittfläche nach oben zeigen.
4. Käse auf den Kartoffeln verteilen. Etwas Salz darüber streuen und die Butter in kleinen Stücken auf den Kartoffeln verteilen.
5. Im Ofen 20 Minuten backen.

Steinpilz-Kartoffel-Pfanne

Zubereitungszeit: 40 Minuten
Portionen: 4
Zutaten:

- 700 g Kartoffeln, festkochend
- 4 Knoblauchzehen
- 4 EL Butterschmalz
- 1 Bund Petersilie
- 150 g Steinpilze
- Salz
- Pfeffer

Zubereitung:

1. Kartoffeln schälen, ganz dünn in Scheiben schneiden und waschen.
2. Petersilie waschen und fein hacken.
3. Steinpilze mit einem Tuch abreiben und in Scheiben schneiden.
4. Knoblauch schälen und in feine Scheiben schneiden.
5. Butterschmalz in einer Pfanne erhitzen.
6. Kartoffeln in die Pfanne geben und abgedeckt 10 Minuten garen. Dann 5 Minuten braten, ohne sie zu wenden. Dann nochmals 8 Minuten unter Wenden braten.
7. Kartoffeln aus der Pfanne nehmen und zur Seite stellen.
8. Steinpilze, Knoblauch und Petersilie 2 Minuten braten. Kartoffeln wieder dazu geben, 3 Minuten braten, salzen und pfeffern.

Pizza-Kartoffeln

Zubereitungszeit: 45 Minuten
Portionen: 4
Zutaten:

- 750 g Kartoffeln, festkochend
- 200 ml Gemüsebrühe
- 1 Zwiebel
- 1 Mozzarella, 125 g
- 1 Dose Tomaten, in Stücken, 400 g
- 1 Knoblauchzehe
- 1 EL Pflanzenöl
- Salz
- Pfeffer

Zubereitung:

1. Mozzarella abtropfen lassen und in Würfel schneiden.
2. Zwiebel und Knoblauch schälen und in feine Würfel schneiden.
3. Kartoffeln schälen und in Würfel von 1 cm schneiden.
4. In einem Topf Öl erhitzen. Knoblauch, Kartoffeln und Zwiebeln hineingeben und 2 Minuten braten. Dann Brühe untermischen und für 5 Minuten köcheln lassen.
5. Tomaten, Salz und Pfeffer zu den Kartoffeln geben und 15 Minuten bei geringer Hitze köcheln lassen.
6. Mozzarella untermischen und 5 Minuten köcheln, bis er leicht geschmolzen ist.

Kartoffeln mit Paprikadip

Zubereitungszeit: 35 Minuten
Portionen: 2
Zutaten:

- 500 g Kartoffeln, festkochend
- 300 g Magerquark
- 1 Paprikaschote, rot
- 2 EL Schnittlauch, in Röllchen geschnitten
- 2 EL Ajvar, aus dem Glas
- 1 TL Rapsöl
- Salz
- Pfeffer

Zubereitung:

1. Topf mit Salzwasser zum Kochen bringen.
2. Kartoffeln schälen, in den Topf geben und 20 Minuten kochen.
3. Paprikaschote halb schneiden. Kerne und Trennwände mit einem Messer herausschneiden und in Würfel schneiden. Mit allen Zutaten außer den Kartoffeln mischen. Dann zu den fertigen Kartoffeln servieren.

Senf-Kartoffeln aus dem Ofen

Zubereitungszeit: 40 Minuten
Portionen: 3
Zutaten:

- 400 g Kartoffeln, vorwiegend festkochend
- 250 ml Gemüsebrühe
- 50 ml Sahne
- 1 EL Senf, mittelscharf
- 1 TL Sambal Oelek
- 1 TL Salz
- Butter für die Auflaufform

Zubereitung:

1. Backofen auf 200 Grad vorheizen.
2. Senf, Sambal Oelek und Gemüsebrühe in einem Topf mischen und einmal aufkochen.
3. Kartoffeln schälen, waschen und in dünne Scheiben schneiden.
4. Auflaufform mit Butter einreiben und Kartoffeln hineinschichten.
5. Salz in die Brühe mischen und Mischung über die Kartoffeln gießen. Im Ofen 25 Minuten backen.

Brokkoli-Kartoffeln

Zubereitungszeit: 30 Minuten
Portionen: 4
Zutaten:

- 500 g Kartoffeln, klein
- 1 TL Chili
- 2 EL Olivenöl
- 300 g Brokkoli in Röschen, aus der Tiefkühltruhe
- 3 Knoblauchzehen
- 1 EL Butter
- 1 TL Thymian, gehackt
- 2 EL Olivenöl
- Salz

Zubereitung:

1. Brokkoli auftauen lassen.
2. Kartoffeln waschen und der Länge nach halb schneiden. Dann in einen Topf mit Salzwasser geben und 12 Minuten kochen.
3. Knoblauch schälen und klein schneiden.
4. In einer Pfanne Öl erhitzen.
5. Kartoffeln abschütten und mit allen anderen Zutaten in die Pfanne geben. Für 7 Minuten braten.

Kartoffeln mit Joghurt-Meerrettich-Soße

Zubereitungszeit: 30 Minuten

Portionen: 2

Zutaten:

- 4 Kartoffeln
- 2 TL Remoulade
- 100 g Joghurt, Natur
- 1 EL Sahnemeerrettich, aus dem Glas
- Salz

Zubereitung:

1. Kartoffeln schälen, in kleinere Stücke schneiden, waschen und in einem Topf mit Salzwasser 20 Minuten kochen. Dann abgießen.
2. In der Zwischenzeit alle anderen Zutaten mischen und den Dip zu den Kartoffeln servieren.

Kartoffel-Kohlrabi-Suppe

Zubereitungszeit: 25 Minuten

Portionen: 2

Zutaten:

- 2 Kartoffeln
- 1 Kohlrabi
- 1 TL Schnittlauch, in Röllchen geschnitten
- 150 ml Gemüsebrühe
- 100 ml Sahne
- Salz
- Pfeffer

Zubereitung:

1. Kartoffeln und Kohlrabi schälen, waschen und in Würfel schneiden. In einem Topf mit Wasser 15 Minuten kochen.
2. Kartoffeln abgießen und mit allen anderen Zutaten mischen.
3. Suppe pürieren und noch einmal aufkochen.

Wedges (Kartoffelecken)

Zubereitungszeit: 40 Minuten

Portionen: 4

Zutaten:

- 1 kg Kartoffeln
- 1 EL Salz
- 3 EL Olivenöl
- 1 EL Pfeffer
- 1 EL Chilipulver

Zubereitung:

1. Kartoffeln waschen und mit Schale in Viertel schneiden.
2. Backofen auf 200 Grad vorheizen.
3. Kartoffeln in einer Schüssel mit allen anderen Zutaten mischen. Dann auf ein Backblech geben und 35 Minuten im Ofen backen.

Rezepte mit Reis

Avocado-Reis

Zubereitungszeit: 35 Minuten
Portionen: 3
Zutaten:

- Olivenöl
- 1 Zwiebel
- 1 Knoblauchzehe
- 250 g Reis
- 500 ml Wasser
- 1 Avocado
- 2 Tomaten
- Zitronensaft
- Salz & Pfeffer
- Paprikapulver

Zubereitung:

1. Die Zwiebel fein würfeln, in einem Topf mit Olivenöl glasig dünsten. Den Knoblauch fein hacken oder einfach durch die Knoblauchpresse drücken, zu den Zwiebeln geben und nicht zu heiß anbraten (da er sonst bitter oder zu penetrant wird). Den Reis dazugeben und unter Rühren auch etwas anrösten. Mit etwa 500 ml Wasser aufgießen, salzen und nach Packungsanweisung kochen.
2. In der Zwischenzeit die Avocado und die Tomaten fein würfeln. Wenn der Reis fertig ist, mit Salz, Pfeffer, Paprikapulver und Zitronensaft abschmecken und Avocado und Tomaten unterheben.
3. Alles kurz ziehen lassen und dann servieren und genießen.

Knoblauch-Eier-Reis

Zubereitungszeit: 35 Minuten
Portionen: 3
Zutaten:

- 300 g Reis
- 450 ml Wasser
- 30 ml Olivenöl
- 6 Knoblauchzehen
- 3 TL Zucker
- 6 Eier
- 60 ml Mineralwasser mit Kohlensäure
- n. B. Salz

Zubereitung:

1. Den Reis und Wasser in einen Topf geben und die Temperatur hochstellen. 1 TL Salz ins Wasser hinzugeben. Wenn das Wasser kocht, den Herd ausschalten und einen Timer auf 20 Minuten stellen.
2. In der Zeit Olivenöl in eine beschichtete Pfanne geben. Die Knoblauchzehen klein schneiden und in die Pfanne geben. Etwas Salz und 1 TL Zucker hinzufügen.
3. Eier mit Sprudelwasser schaumig schlagen und Salz nach Geschmack hinzufügen.
4. Die Pfanne auf eine mittlere Flamme stellen und den Knoblauch ca. 30 Sekunden braten. Dann das Ei hinzugeben und die Flamme erhöhen. Die ganze Zeit rühren.
5. Wenn das Ei fertig ist, den Reis hinzugeben.

Reis mit Möhren

Zubereitungszeit: 20 Minuten
Portionen: 4
Zutaten:

- 4 Tassen Reis
- 8 Tassen Wasser
- 12 Karotten
- Brühe, gekörnte
- Tomatenmark
- Pfeffer
- Butter

Zubereitung:

1. Die Karotten schälen und in dünne Scheiben schneiden. Mit Wasser und Reis in einen Topf geben, aufkochen lassen, herunterschalten und mit geschlossenem Deckel garen.
2. Zum Schluss mit etwas Tomatenmark, Brühe und Pfeffer abschmecken und einen kleinen Löffel Butter hinzufügen.

Curry-Bowl

Zubereitungszeit: 25 Minuten
Portionen: 4
Zutaten:

- 200 g Langkornreis
- Salz & Pfeffer
- 1 Zwiebel
- 2 EL Öl
- 1-2 TL rote Currypaste
- 1 Dose (à 425 ml) Kokosmilch
- 500 g TK-Gemüsemischung (z. B. Asia-Mix)
- 1 EL Zitronensaft

Zubereitung:

1. Den Reis in ca. 400-500 ml kochendem Salzwasser nach Packungsanweisung garen.
2. Zwiebel schälen und würfeln. Öl in einem Topf erhitzen, Zwiebel und Currypaste darin ca. 2 Minuten andünsten. Mit Kokosmilch ablöschen. Die Gemüsemischung nun zugeben, aufkochen und ca. 3 Minuten bei mittlerer Hitze köcheln. Mit Salz, Pfeffer und Zitronensaft abschmecken. Mit dem Reis anrichten und genießen.

Gemüsereis

Zubereitungszeit: 25 Minuten

Portionen: 3

Zutaten:

- 4 ½ (250ml Inhalt) Tassen Wasser
- 1 ½ Tassen Reis (Langkorn)
- 1 ½ EL Gemüsebrühe, gekörnte
- 1 ½ Pck. Gemüse, TK (Buttergemüse)

Zubereitung:

1. Wasser mit der Gemüsebrühe zum Kochen bringen. Den Reis dazugeben und im geschlossenen Topf bei kleiner Hitze leicht köcheln lassen. Nicht umrühren. Der Reis ist fertig, wenn das Wasser komplett vom Reis aufgenommen wurde.
2. Nun das Buttergemüse mit der Würzbutter aus der TK-Packung einrühren, kurz erhitzen und genießen.

Djuvec-Reis

Zubereitungszeit: 25 Minuten

Portionen: 4

Zutaten:

- 1 Glas Ajvar
- 2 Beutel Reis
- Salzwasser
- 1 Paket Gemüse (Buttergemüse)
- Salz
- etwas Margarine

Zubereitung:

1. Den Kochbeutelreis im Salzwasser kochen und abgießen. Das Buttergemüse nach Packungsanweisung garen.
2. Den Reis nach dem Kochen in eine Schüssel geben und mit Ajvar und Buttergemüse vermengen. Anschließend etwas Margarine dazugeben und mit Salz abschmecken.

Gemüse-Reis-Pfanne mit saurer Sahne

Zubereitungszeit: 30 Minuten
Portionen: 3
Zutaten:

- 3 kleine Zucchini
- 3 Paprikaschoten
- 1 ½ Becher saure Sahne
- 3 kleine Zwiebeln
- 150 g Reis
- Öl
- Salz & Pfeffer
- Basilikum, gerebelt
- Oregano, gerebelt

Zubereitung:

1. Den Reis nach Packungsanweisung kochen.
2. Das Gemüse gut putzen, waschen und in Würfel schneiden. Die Zwiebel ebenfalls würfeln.
3. Etwas Öl in einer Pfanne erhitzen und die Zwiebel darin glasig braten. Anschließend die Zucchini- und Paprikawürfel hinzufügen und bei mittlerer Hitze mitbraten.
4. Die saure Sahne unterrühren und alles mit Salz, Pfeffer und den Gewürzen abschmecken.
5. Den Reis abgießen und unterrühren.
6. Anrichten und genießen.

Gebratener Reis mit jungem Gemüse und Ei

Zubereitungszeit: 25 Minuten
Portionen: 3
Zutaten:

- 150 g Reis
- 1 ½ Dosen Erbsen und Möhren
- 1 ½ Eier
- 150 g Frischkäse mit Kräutern
- Salz & Pfeffer
- n. B. Chiliflocken
- n. B. Currypulver
- etwas Margarine oder Öl

Zubereitung:

1. Den Reis nach Packungsanleitung kochen.
2. In einer Pfanne etwas Margarine bzw. Öl heiß werden lassen. Den Reis und das Gemüse hineingeben und anbraten lassen. Dann zuerst das Ei hinzugeben und verrühren, dann den Frischkäse zufügen.
3. Am Schluss alles nach Geschmack mit Salz, Pfeffer, Chiliflocken und Currypulver je nach Geschmack würzen. Sofort servieren.

Rezepte mit Nudeln

Pasta mit Tomaten-Mozzarella-Sauce

Zubereitungszeit: 35 Minuten
Portionen: 3
Zutaten:

- 4 Handvoll Penne Rigate
- Salzwasser
- 3 große Tomaten
- 2 Pck. Mozzarella
- etwas Salz und Pfeffer, schwarzer
- 1 EL Öl nach Wahl
- 4 Blätter Basilikum

Zubereitung:

1. Die Nudeln nach Packungsanweisung im Salzwasser kochen. Währenddessen die Tomaten in einem hohen Teller (damit die Flüssigkeit aufgefangen wird) in viele kleine Würfel schneiden (etwa erbsengroß).
2. Die zerkleinerten Tomaten nun in eine Schüssel geben und den Mozzarella auf die gleiche Weise schneiden. Anschließend den Mozzarella zu den Tomaten geben. Mit dem Öl, Salz, Pfeffer und zerrupften Basilikumblättern verfeinern.
3. Nun alles vermischen und kurz ziehen lassen (ca. 10 Minuten). Die kalte "Soße" auf die heißen Penne servieren.

Spaghetti mit Tofu-Sahne-Soße

Zubereitungszeit: 30-35 Minuten
Portionen: 3
Zutaten:

- 300 g Spaghetti
- 600 g Räuchertofu
- 1 ½ Flasche Sojasahne (Sojacreme Cuisine)
- 225 ml Sojamilch (Sojadrink)
- Salz & Pfeffer
- 3 EL Öl

Zubereitung:

1. Spaghetti nach Packungsanweisung kochen.
2. Den Räuchertofu mit einer Gabel klein zerbröseln und im heißen Öl in einer Pfanne 2-3 Minuten anbraten. Die Pflanzensahne und die Pflanzenmilch zugeben und ein paar Minuten zugedeckt bei kleiner Flamme köcheln lassen.
3. Kurz bevor die Spaghetti fertig sind, die Soße mit Salz und Pfeffer abschmecken.

Pasta-Pfanne mit Ei

Zubereitungszeit: 35 Minuten
Portionen: 3
Zutaten:

- 9 Stk Basilikum (frisch oder getrocknet)
- 15 g Butter
- 6 Eier
- 3 Knoblauchzehe, gehackt
- 3 Stk Lauch, klein geschnitten
- 60 ml Milch
- 3 Prise Salz & Pfeffer
- 120 g Spiralnudeln
- 500 g Tomaten

Zubereitung:

1. Die Nudel in kochendes Salzwasser geben und al dente kochen.
2. Die gewaschene Tomaten würfelig schneiden. Eier, Milch, Wasser und Knoblauch versprudeln (zusammenrühren). Salzen, pfeffern und Basilikum einrühren.
3. Nudeln, Lauch und Tomaten in eine Pfanne mit erhitzter Butter geben. Das Eigemisch eingießen, bei niedriger Temperatur stocken lassen und pfeffern.

Einfache Käsenudeln

Zubereitungszeit: 35 Minuten
Portionen: 3
Zutaten:

- 300 g Spiralen (Fussili)
- 150 g Gouda
- 1 Prise Salz
- 1 TL Schnittlauch (frisch, klein geschnitten)
- 1 Schuss Olivenöl für die Pfanne
- 1 Prise Pfeffer

Zubereitung:

1. Die Nudeln al dente kochen. Hierfür reichlich Salzwasser zustellen und die Nudeln darin bissfest kochen.
2. Während die Nudeln kochen den Käse reiben oder fein schneiden. Den Schnittlauch gut waschen, trocken schütteln und fein hacken.
3. Die gekochten Nudeln durch ein Nudelsieb abgießen und abtropfen lassen.
4. In einem Topf oder einer Pfanne das Olivenöl erhitzen und die Nudeln kurz darin schwenken. Anschließend den Käse dazu geben, kurz durchmischen und den Schnittlauch sowie Salz und Pfeffer hinzugeben. Dabei regelmäßig umrühren bis der Käse geschmolzen ist.

Spaghetti mit Paprika-Pesto

Zubereitungszeit: 40 Minuten
Portionen: 2
Zutaten:

- 200 g Spaghetti
- Salz & Pfeffer
- 1 Knoblauchzehe
- 20 g Parmigiano (Käse) (Stück)
- 30 g Nusskernmischung
- 2 EL Ajvar (Paprikazubereitung; Glas)
- 2 EL Olivenöl
- 1 TL Thymian (frisch oder getrocknet)

Zubereitung:

1. Die Nudeln in 4–5 L kochendem Salzwasser (1 TL Salz pro Liter) nach Packungsanweisung garen.
2. Den Knoblauch schälen. Knoblauch, Nuss Mix und Parmigiano grob hacken. Mit Ajvar pürieren. Öl einrühren, bis eine cremige Konsistenz entsteht. Mit Thymian, etwas Salz und Pfeffer abschmecken. Nudeln abgießen.
3. Mit dem Pesto mischen und anrichten.
4. Nur mehr genießen.

Pasta mit Pilzen und Knoblauch

Zubereitungszeit: 30 Minuten
Portionen: 2
Zutaten:

- 200 g Fusilli
- 250 g gemischte Pilze
- 1 Knoblauchzehe
- 20 g Parmigiano (Käse)
- 2 EL, geh. Crème légère
- etwas Meersalz, schwarzer Pfeffer und Olivenöl

Zubereitung:

1. Die Fussili in kochendem Salzwasser nach Packungsangabe garen, abgießen und dabei noch einen Becher Kochwasser auffangen.
2. Inzwischen Pilze gründlich putzen. Knoblauch schälen, in feine Scheiben schneiden und in einer großen beschichteten Pfanne in ½ EL Olivenöl bei mittlerer bis starker Hitze ca. 1 Minute anbraten. Pilze zugeben, größere Exemplare in Stücke geteilt, mit Salz und Pfeffer würzen und ca. 8 Minuten goldbraun anbraten, dabei ab und zu durchschwenken.
3. Abgetropfte Pasta und 1 Schuss Kochwasser unter die Pilze mischen, den Großteil des Parmesans hineinreiben und Crème légère unterziehen. Abschmecken und mit dem restlichen geriebenen Parmigiano schön bestreut genießen.

Pasta mit Sahnepesto

Zubereitungszeit: 35 Minuten
Portionen: 4
Zutaten:

- Salz & Pfeffer
- 300 g Brokkoli
- 1 Zucchini
- 400 g Spaghetti
- 125 g junger Spinat
- 300 g TK-Erbsen
- 100 g Schlagsahne
- 125 g Pesto (aus dem Glas)

Zubereitung:

1. 3–4 l Salzwasser (1 TL Salz pro Liter) aufkochen. Brokkoli gut putzen, waschen und in kleine Röschen teilen. Zucchini putzen, waschen und klein schneiden.
2. Die Nudeln im kochenden Salzwasser nach Packungsanweisung garen. Spinat verlesen, waschen, abtropfen lassen. Brokkoli, Zucchini und gefrorene Erbsen die letzten 3 Minuten mitkochen. Nun alles abgießen. Mit Spinat, Sahne und Pesto zurück in den Topf geben, gut mischen.
3. Mit Salz und Pfeffer abschmecken.

Pasta mit Kichererbsen-Sauce

Zubereitungszeit: 25 Minuten
Portionen: 2
Zutaten:

- 200 g Nudeln wie z.B. Spaghetti
- 1 Zwiebel
- 2 EL Olivenöl
- 1 Dose Kichererbsen, Dose
- 250 ml Gemüsebrühe
- 1 EL Tomatenmark
- Kräuter
- Salz & Pfeffer

Zubereitung:

1. Die Zwiebel hacken und in Olivenöl in einem Topf anschwitzen.
2. Kichererbsen, Gemüsebrühe, Tomatenmark und italienische Kräuter dazugeben.
3. Bei mittlerer Hitze 5 Minuten kochen, mit Salz und Pfeffer würzen.
4. Nudeln nach Packungsanleitung kochen und dazu servieren.

Zwiebel-Käse-Nudeln

Zubereitungszeit: 40 Minuten
Portionen: 3
Zutaten:

- 350 g Nudeln
- 220 g Käse gerieben
- 3 EL Parmesan, gerieben
- 3 Zwiebeln
- 1 ½ EL Öl
- 1 ½ Prise Salz, Pfeffer
- ¾ Bund Schnittlauch

Zubereitung:

1. Die Nudeln nach Packungsanleitung al dente kochen. Zwiebeln schälen und klein würfeln. Das Öl in einer Pfanne erhitzen und den Zwiebel darin anbräunen. Die Nudeln abgießen (etwas vom Kochwasser auffangen) und zu den Zwiebeln in die Pfanne geben.
2. Die Nudeln gut mit der Zwiebel vermengen, danach den Käse untermischen und 3-5 Esslöffel Kochwasser zugeben. Nochmals alles gut mischen, die Pfanne vom Herd ziehen und mit einem Deckel abdecken.
3. Den Schnittlauch waschen, trocken schütteln und in Röllchen schneiden. Die Nudeln mit Salz und Pfeffer würzen, danach mit Parmesan und Schnittlauch bestreut servieren.

Vollkornspaghetti mit Champignon-Rahmsauce

Zubereitungszeit: 30 Minuten
Portionen: 3
Zutaten:

- 200 g Vollkornspaghetti
- 200 g Champignons
- 1 EL Pflanzenöl
- 1 Prise Salz
- 1 Prise Pfeffer
- 100 ml Schlagobers
- 1 EL Petersilie, fein gehackt
- 4 EL Grana, grob gerieben

Zubereitung:

1. Die Vollkornspaghetti in Salzwasser bissfest kochen. Die Champignons gut putzen, in Scheiben schneiden und in einer beschichteten Pfanne mit etwas Öl auf beiden Seiten anbraten. Wenn sie schön gebräunt sind, mit dem Obers aufgießen und mit Salz und Pfeffer abschmecken.
2. Die Vollkornspaghetti abseihen, mit den Champignons vermengen und mit reichlich Petersilie und Grana bestreut servieren.

Vollkornpasta mit Gemüse

Zubereitungszeit: 40 Minuten
Portionen: 3
Zutaten:

- 250 g Vollkornnudeln
- 1 Stange Porree
- 450 g Gemüse, TK
- 1 Glas Tomatensauce
- 3 EL Sojamilch

Zubereitung:

1. Zuallererst die Nudeln in Salzwasser gar kochen. Währenddessen das Gemüse in einem weiteren Topf mit Wasser kochen. Den Porree in Scheiben schneiden und halbieren und ebenfalls zum Gemüse geben. Wenn es gar ist, abgießen. Auch die gekochten Nudeln abseihen und mit kaltem Wasser abspülen.
2. Die Nudeln und das Gemüse gemeinsam in einen Topf geben und vermischen. Die Tomatensauce darübergießen und etwas Sojamilch dazumischen. Kurz aufkochen lassen und dabei gut umrühren, damit auch nichts anbrennt.

Fusilli mit Tomatensoße

Zubereitungszeit: 30 Minuten
Portionen: 4
Zutaten:

- 1 Knoblauchzehe
- 250 g Tomaten, passiert
- 2 EL Tomatenketchup
- 100 g Tomaten, geschält in der Dose
- 400 g Fusilli
- 2 Zwiebeln
- 2 EL Öl
- Salz
- Pfeffer

Zubereitung:

1. Nudeln nach Anweisung garen.
2. Knoblauch und Zwiebeln schälen und in Würfel schneiden.
3. Öl in einer Pfanne erhitzen, Knoblauch und Zwiebel anbraten.
4. Tomaten und Ketchup mit Salz und Pfeffer in die Soße mischen. Hitze herunterstellen und 5 Minuten köcheln.
5. Nudeln abgießen und mit der Soße servieren.

Brokkoli-Zitronen-Nudeln

Zubereitungszeit: 35-40 Minuten
Portionen: 4
Zutaten:

- Salz & Pfeffer
- 500 g Brokkoli
- 1 Zwiebel
- 400 g Bandnudeln
- 3 EL Mandelblättchen
- 2 EL Öl
- 200 g Schlagsahne
- 1 TL Gemüsebrühe (instant)
- 1 Bio-Zitrone

Zubereitung:

1. 3–4 l Salzwasser (1 TL Salz pro Liter) aufkochen lassen. Den Brokkoli gut putzen, waschen, in Röschen teilen. Zwiebel schälen und fein würfeln. Nudeln im kochenden Salzwasser nach Packungsanweisung garen. Den Brokkoli in den letzten 3 Minuten mitgaren.
2. Die Mandeln in einer beschichteten Pfanne ohne Fett rösten und herausnehmen. Öl in der Pfanne erhitzen. Zwiebel darin glasig dünsten. Mit 200 ml Wasser und Sahne ablöschen und aufkochen. Die Brühe einrühren und ca. 8 Minuten einköcheln. Mit Salz, Pfeffer, Zitronenschale und -saft würzen.
3. Die Nudeln samt dem Brokkoli abgießen, mit der Soße mischen. Anrichten und mit Mandeln bestreuen.

Obazda-Nudeln

Zubereitungszeit: 30 Minuten
Portionen: 3
Zutaten:

- 300 g Reisnudeln
- 6 EL Aufstrich (Obazda)
- 6 EL Frischkäse
- 3 Handvoll Rucola oder 1 gewürfelte Tomate
- 3 TL Gemüsebrühepulver
- Schnittlauch
- Paprikapulver

Zubereitung:

1. Ca. 2 Gläser Wasser in einem Topf erhitzen, die Nudeln und Brühepulver hinzugeben und 4 Minuten kochen lassen, Herd ausschalten. Ggf. zu viel überschüssiges Wasser abgießen (ein bisschen darf noch am Topfboden stehen).
2. Obazda und Frischkäse unterrühren. Optional eine Handvoll Rucolablätter oder/und 1 gewürfelte frische Tomate dazugeben. Ggf. nachsalzen nach Bedarf. Mit Paprikapulver bestäubt und mit Schnittlauch bestreut servieren.

Pasta in Tomatensauce mit Frischkäse

Zubereitungszeit: 35 Minuten
Portionen: 3
Zutaten:

- 250 g Pasta
- Salzwasser
- 1 Dose Tomaten, stückige
- 100 g Frischkäse
- 1 Schalotte oder 1/2 Zwiebel
- 1 Zehe Knoblauch
- 2 EL Butter oder Margarine
- Oregano
- evtl. Basilikum
- Salz & Pfeffer

Zubereitung:

1. Salzwasser für die Nudeln aufstellen. In der Zwischenzeit die Schalotte und den Knoblauch fein hacken. Die Pasta ins kochende Wasser geben und nach Packungsanleitung garen.
2. Die Butter in einer Pfanne schmelzen. Danach die Schalotten- und Knoblauchstücke leicht anschwitzen. Die Tomaten in die Pfanne geben. Umrühren und bei mittlerer Stufe leicht köcheln lassen. Den Frischkäse dazugeben und schmelzen lassen.
3. Anschließend die Soße mit Salz, Pfeffer und Oregano abschmecken. Wenn die Nudeln fertig bzw. gar sind, abtropfen lassen und in die Pfanne geben. Mit der Soße vermischen und servieren.

Spinatspaghetti

Zubereitungszeit: 35 Minuten
Portionen: 4
Zutaten:

- 500 g Spaghetti
- 1 Pck. Rahmspinat, TK
- 2 Pck. Saucenpulver, (Kräutersauce), kann man meistens schon als Doppelpack kaufen
- 150 ml süße Sahne
- Salz & Pfeffer

Zubereitung:

1. In einem großen Topf die Kräutersauce nach Anleitung zubereiten. Den Spinat in der Sauce erhitzen, die Sahne unterrühren, kurz köcheln lassen und die Sauce mit Salz und Pfeffer abschmecken.
2. Währenddessen die Spaghetti in reichlich Salzwasser bissfest kochen. Abgießen und sofort mit der Sauce servieren.

Sommerliche Spaghetti mit Tomaten

Zubereitungszeit: 30 Minuten
Portionen: 3
Zutaten:

- 350 g Spaghetti
- 4 Tomaten
- 1 EL Tomatenmark
- ½ Handvoll Pinienkerne
- 1 Handvoll Basilikum
- 1 Handvoll Parmesan, geriebener
- 2 Knoblauchzehen

Zubereitung:

1. Die Spaghetti nach Packungsanweisung in Salzwasser al dente kochen. In der Zwischenzeit die Tomaten entkernen und in Würfel schneiden.
2. Wenn die Spaghetti al dente sind, eine Pfanne erhitzen und das Tomatenmark und die Pinienkerne in etwas Olivenöl anrösten. Die Spaghetti abtropfen lassen und dazugeben. Den Knoblauch abziehen, dazupressen und durchschwenken.
3. Die Pfanne vom Herd nehmen, nun Tomatenwürfel und Parmesan zufügen und kurz durchziehen lassen (ca. 1 Minute). Kurz vor dem Anrichten noch die frischen Basilikumblätter untermischen und sofort servieren.

Einfaches Bandnudeln Gericht

Zubereitungszeit: 40 Minuten
Portionen: 4
Zutaten:

- Salz, Pfeffer
- 4 Knoblauchzehen
- 2 Dosen (à 425 ml) Artischockenherzen
- 6 EL Olivenöl
- 400 g Bandnudeln
- 6-7 Stiele Salbei
- 3 EL Butter
- Backpapier

Zubereitung:

1. Den Backofen vorheizen (E-Herd: 220 °C/Umluft: 200 °C. Jetzt ein Backblech mit Backpapier auslegen und 3–4 l Salzwasser (1 TL Salz pro Liter) aufkochen lassen.
2. Die Knoblauchzehen schälen und in dünne Scheiben schneiden. Die Artischocken abtropfen lassen und halbieren. Auf dem Blech verteilen. Öl und Knoblauch darübergeben. Im heißen Backofen ca. 10 Minuten rösten.
3. Die Nudeln im kochenden Salzwasser nach Packungsanweisung garen. Salbei waschen, trocken schütteln und die Blätter abzupfen. Die Butter in einer Pfanne erhitzen. Salbei darin kurz braten, herausnehmen.
4. Nudeln abgießen, mit Artischocken zurück in den Topf geben und gut mischen. Mit Salz und Pfeffer würzen. Mit Salbei bestreuen.

Cremige One-Pot-Pasta

Zubereitungszeit: 35 Minuten
Portionen: 4
Zutaten:

- 400 g Pasta nach Wahl
- 150 ml Sahne
- 400 ml Gemüsebrühe
- 500 ml Milch
- 100 g geriebener Parmesan
- 2 EL Olivenöl
- 2 Knoblauchzehen
- 1 EL gehackte Petersilie
- Salz und Pfeffer

Zubereitung:

1. Den Knoblauch schälen und gut fein hacken. In einer großen hohen Pfanne mit Olivenöl den Knoblauch anbraten. Dann die Gemüsebrühe und die Milch dazu geben und aufkochen lassen. Die Pasta hineingeben, ein paar mal umrühren und dann die Sahne dazu. Bei mittlerer Hitze, solange köcheln lassen bis ein Großteil der Sauce eingezogen ist.
2. Dann den geriebenen Parmesan einstreuen, vermischen und mit Salz und Pfeffer nach Geschmack würzen. Mit Petersilie bestreut servieren.

Gebratene Nudeln

Zubereitungszeit: 35 Minuten
Portionen: 4
Zutaten:

- 1 kg Nudeln nach Wahl
- 1 größere Zwiebel (150 Gramm)
- Salz und Pfeffer
- 3 EL Öl
- flüssige Maggiwürze

Zubereitung:

1. Die Nudeln in einem Kochtopf in kochendem Salzwasser je nach Geschmack gar kochen und danach in einem Sieb abtropfen lassen.
2. Zwiebel schneiden. In einer großen Pfanne (hier am besten eine Wokpfanne) das Öl erhitzen und die Teigwaren hineingeben und anbraten. Während dem Anbraten der Nudeln mit Salz und Pfeffer würzen und zwischendurch die Zwiebel beifügen. Während dem Umrühren noch etwas Maggiwürze beimischen. Dann die Pfanne von der Herdplatte stellen, und noch ein paar mal umrühren.

Pasta mit Bärlauchpesto

Zubereitungszeit: 35 Minuten
Portionen: 4
Zutaten:

- 500 g Spaghetti
- 140 g Bärlauch
- 80 ml Olivenöl
- 30 g Pinienkerne
- 50 g geriebener Parmesan
- 1 Zitrone
- Salz und Pfeffer

Zubereitung:

1. In einem Kochtopf die Spaghetti mit Salzwasser al dente kochen.
2. In der Zwischenzeit in einer Pfanne die Pinienkerne ohne Öl kurz anrösten.
3. Den Bärlauch grob hacken und mit Olivenöl, Pfeffer, dem geriebenen Parmesan, den gerösteten Pinienkerne (bis auf 1 EL), den Saft aus einer Zitrone und den Abrieb der Zitronenschale mit einem Handrührer so lange mixen, bis keine Stückchen von den Kernen mehr zu sehen sind. Nun mit Salz und Pfeffer nach Geschmack würzen.
4. Die Pasta in einem Nudelsieb abgießen und zurück in den Kochtopf geben.

Knoblauchspaghetti

Zubereitungszeit: 35 Minuten
Portionen: 4
Zutaten:

- 1 kg Spaghetti
- 6 Knoblauchzehen
- 8 Esslöffel Olivenöl
- 1 Lauch
- Kräutersalz
- Pfeffer
- 1 Teelöffel Majoran

Zubereitung:

1. Den Knoblauch schälen und zerreiben (pressen mit einer Knoblauchpresse geht natürlich auch).
2. Die Spaghetti in kochendem Salzwasser je nach Geschmack gar kochen und in einem Küchensieb abgießen.
3. In der Zwischenzeit in einer Pfanne das Olivenöl heiß machen und mit dem Knoblauch eine Sauce zubereiten. Den Lauch dazugeben und mit Salz und Pfeffer würzen. Dann die fertigen Spaghetti in die Pfanne geben und kräftig vermischen.
4. Die Spaghetti auf Teller servieren und noch den Majoran darüber streuen.

Panierte Nudeln

Zubereitungszeit: 25 Minuten
Portionen: 4
Zutaten:

- 500 g Nudeln nach Wahl
- 70 g Butter
- 150 g Paniermehl (Semmelbrösel)
- 1/2 TL Zimt

Zubereitung:

1. Die Nudeln in Salzwasser gar kochen (am besten nach Packungsanweisung).
2. In der Zwischenzeit in einer Pfanne die Butter schmelzen lassen. Die gekochten Teigwaren abseihen, in die Pfanne geben, gut mit der Butter vermischen und kurz braten.
3. Dann Paniermehl und Zimt über die Pasta streuen, vermischen und auf Teller anrichten.

Bandnudeln mit Tomaten und Rucola

Zubereitungszeit: 30 Minuten
Portionen: 2
Zutaten:

- 300 g Mozzarella
- 400 g Bandnudeln
- 80 g Rucola
- 2 EL Olivenöl
- 350 g Cocktailtomaten
- 1 TL Parmesan, gerieben
- 1 Knoblauchzehe
- Salz
- Pfeffer

Zubereitung:

1. Knoblauch schälen und fein hacken.
2. Nudeln nach Anweisung garen.
3. Tomaten und Rucola waschen.
4. In einer Pfanne Öl erhitzen. Knoblauch und Tomaten andünsten. Salzen und pfeffern.
5. Mozzarella in kleine Stücke schneiden.
6. Nudeln abgießen und alle Zutaten zusammen mischen.

Spaghetti mit Petersilie und Parmesan

Zubereitungszeit: 25 Minuten
Portionen: 4
Zutaten:

- 1 Bund Petersilie
- 450 g Spaghetti
- 250 g Parmesan, gerieben
- 180 g Butter
- Salz

Zubereitung:

1. Nudeln nach Anweisung garen.
2. Petersilie waschen und klein schneiden.
3. Nudeln abgießen und alle Zutaten zusammen mischen.

Nudeln mit Zucchini und Ziegenkäse

Zubereitungszeit: 35 Minuten
Portionen: 2-3
Zutaten:

- 200 g Nudeln
- 2 EL Olivenöl
- 3 mittlere Zucchinis
- 100 g Ziegenfrischkäse
- 1 guter Schuss Milch
- 1 - 1 1/2 EL Honig
- 2 Zweige Rosmarin
- Salz & Pfeffer

Zubereitung:

1. Die Nudeln al dente garen. In der Zwischenzeit die Zucchinis mit einem Gemüsehobel in sehr feine Scheiben hobeln.
2. Das Olivenöl in einer Pfanne erhitzen und die Zucchinischeiben darin ca. 5 Minuten anbraten. Salzen.
3. Ziegenfrischkäse dazugeben und bei mittlerer Hitze in der Pfanne schön schmelzen lassen, dabei öfters wieder rühren. Milch, Honig und Rosmarinnadeln hinzufügen. Alles gut vermengen.
4. Die Nudeln abgießen und unter die Zucchini-Ziegenkäse-Sauce heben. Noch einmal mit Salz und Pfeffer abschmecken, dann gleichen servieren.

Spaghetti mit Zitronen und Champignons

Zubereitungszeit: 30 Minuten
Portionen: 4
Zutaten:

- 500 g Spaghetti
- 250 g braune Champignons
- 6 EL Olivenöl
- 2 Knoblauchzehen, gepresst
- Saft und abgeriebene Schale von 1 1/2 Zitronen
- 2 Handvoll Petersilie gehackt
- Parmesan nach Geschmack

Zubereitung:

1. Die Nudeln in reichlich Salzwasser al dente kochen. In der Zwischenzeit die Champignons in feine Streifen schneiden. 1 EL Olivenöl in einer beschichteten Pfanne erhitzen und den Knoblauch darin für 1 bis 2 Minuten andünsten.
2. In einer großen Schüssel Champignonscheiben mit Knoblauchöl, restlichem Olivenöl, Zitronensaft und -schale und gehackter Petersilie vermischen. Gut salzen und pfeffern. Sobald die Pasta perfekt ist abgießen und zügig unter die Zitronenchampignons heben. Noch einmal salzen und pfeffern.

Fusilli mit Zucchini und Tomaten

Zubereitungszeit: 35 Minuten
Portionen: 4
Zutaten:

- 500 g Fusilli
- 1 Paprikaschote, rot
- 1 Zucchini
- 1 Zwiebel
- 2 Tomaten
- 100 ml Gemüsebrühe
- Salz
- Pfeffer

Zubereitung:

1. Nudeln nach Anweisung garen.
2. Paprikaschote halb schneiden, Kerne und Trennwände entfernen, waschen und in Streifen schneiden.
3. Tomaten waschen und halb schneiden.
4. Zwiebel schälen und in Würfel schneiden.
5. Tomaten und Zwiebel in einen Topf geben und 2 Minuten braten.
6. Zucchini waschen, in Scheiben schneiden, würfeln und mit in den Topf geben.
7. Gemüse mit Salz und Pfeffer würzen und 500 ml Wasser mit Brühe dazu geben.
8. Soße mit Nudeln servieren.

Tagliatelle mit Lauchzwiebeln und Schafskäse

Zubereitungszeit: 25 Minuten
Portionen: 2
Zutaten:

- 300 g Tagliatelle
- 200 g Schafskäse
- 2 Lauchzwiebeln
- 1 TL Tomatenmark
- Olivenöl
- Salz
- Pfeffer

Zubereitung:

1. Nudeln nach Anweisung garen.
2. Lauchzwiebeln waschen und in Ringe schneiden.
3. Schafskäse in Würfel schneiden. Mit Lauchzwiebeln, Tomatenmark, Salz und Pfeffer mischen. Dann in eine Pfanne geben und leicht erwärmen.
4. Nudeln abgießen und mit Schafskäse mischen.

Spaghetti mit Knoblauch

Zubereitungszeit: 25 Minuten
Portionen: 4
Zutaten:

- 400 g Spaghetti
- 1 TL Chilipulver
- 1 Bund Lauchzwiebeln
- 3 Knoblauchzehen
- 1 Zwiebel
- 100 ml Gemüsebrühe
- Salz
- Pfeffer

Zubereitung:

1. Nudeln nach Anweisung garen.
2. Zwiebel und Knoblauch schälen und würfeln.
3. Lauchzwiebeln waschen und in Ringe schneiden.
4. Öl in einer Pfanne erhitzen. Knoblauch, Zwiebeln und Lauchzwiebeln anbraten. Brühe untermischen.
5. Nudeln abgießen und mit Knoblauchmischung vermischen.

Fusilli mit Chicorée und Schafskäse

Zubereitungszeit: 35 Minuten
Portionen: 2
Zutaten:

- 250 g Fusilli
- 4 Chicorée
- 6 Cherrytomaten
- 250 g Schafskäse
- Öl zum Braten
- Salz
- Pfeffer

Zubereitung:

1. Fusilli nach Anweisung garen.
2. Chicorée halb schneiden. Äußere Blätter entfernen, Strunk herausschneiden und in Streifen schneiden.
3. Tomaten waschen und halb schneiden.
4. Schafkäse in Stücke schneiden.
5. Öl in einer Pfanne erhitzen. Chicorée und Tomaten leicht andünsten. Salzen, pfeffern und Käse untermischen.
6. Nudeln abgießen, in die Pfanne geben und alles mischen.

Bandnudeln mit Zucchini-Käse-Soße

Zubereitungszeit: 25 Minuten
Portionen: 4
Zutaten:

- 3 Zucchini
- 400 g Nudeln, nach Wahl
- 150 g Frischkäse
- 50 ml Milch
- 100 ml Gemüsebrühe
- Salz
- Pfeffer

Zubereitung:

1. Nudeln nach Anweisung garen.
2. Zucchini waschen, in Würfel schneiden und mit etwas Öl in einer Pfanne anbraten. Milch, Wasser und Frischkäse untermischen.
3. Nudeln abgießen, in die Pfanne geben, salzen, pfeffern und alles mischen.

Tagliatelle mit Gorgonzola und Pilzen

Zubereitungszeit: 30 Minuten
Portionen: 4
Zutaten:

- 250 g Gorgonzola
- 400 g Champignons
- 400 g Tagliatelle
- 6 EL Olivenöl
- 2 TL Petersilie, gehackt
- 400 ml Sahne

Zubereitung:

1. Nudeln nach Anweisung garen.
2. Pilze in Viertel schneiden.
3. Käse klein schneiden.
4. In einer Pfanne Öl erhitzen und Pilze anbraten. Hitze herunter stellen und alle Zutaten ohne Nudeln dazu mischen.
5. 5 Minuten köcheln und Soße zu den Nudeln servieren.

Hörnchen-Nudeln mit Blumenkohlsoße

Zubereitungszeit: 25 Minuten
Portionen: 4
Zutaten:

- 300 g Hörnchen Nudeln
- 1 Blumenkohl
- 400 ml Sahne
- 50 g Butter
- Salz
- Pfeffer

Zubereitung:

1. Nudeln nach Anweisung garen.
2. Rösschen vom Blumenkohl abschneiden und in Salzwasser 15 Minuten zugedeckt kochen. Blumenkohl abgießen und wieder in den Topf geben. Mit Sahne, Salz und Pfeffer mischen und pürieren.
3. Blumenkohl aufkochen und Soße zu den Nudeln servieren.

Nudelpfanne mit Mangold und Steinpilzen

Zubereitungszeit: 35 Minuten
Portionen: 2
Zutaten:

- 250 g Nudeln, nach Wahl
- 1 Knoblauchzehe
- 2 Zwiebeln
- 150 ml Sahne
- 3 Cherrytomaten
- 4 Steinpilze
- ½ TL Oregano
- 50 ml Gemüsebrühe
- 100 g Mangold
- 50 g Butter
- Salz
- Pfeffer

Zubereitung:

1. Nudeln nach Anweisung garen.
2. Tomaten waschen und halb schneiden.
3. Mangold waschen, Strunk herausschneiden und in Streifen schneiden.
4. Knoblauch und Zwiebel schälen und in Würfel schneiden.
5. Pilze in Scheiben schneiden.
6. In einer Pfanne Butter erhitzen. Knoblauch, Zwiebeln und Mangold anbraten. Dann Brühe und Sahne dazugeben, Hitze herunterstellen, salzen, pfeffern und 5 Minuten köcheln.
7. Soße zu den Nudeln servieren.

Tagliatelle mit Walnüssen und Käse

Zubereitungszeit: 25 Minuten
Portionen: 2
Zutaten:

- 1 Zwiebel
- 300 g Tagliatelle
- 100 g Walnüsse, gehackt
- 150 g Gouda, gerieben
- 250 g Mascarpone
- 2 EL Olivenöl
- 1 TL Schnittlauch, gehackt
- Salz
- Pfeffer

Zubereitung:

1. Nudeln nach Anweisung garen.
2. Zwiebel schälen, würfeln und in einer Pfanne mit Öl anbraten.
3. Alle Zutaten außer den Nudeln in die Pfanne geben, einmal aufkochen und bei geringer Hitze 4 Minuten köcheln lassen.
4. Nudeln abgießen und mit der Soße mischen.

Rigatoni mit Oliven und Schafskäse

Zubereitungszeit: 40 Minuten

Portionen: 2

Zutaten:

- 200 g Oliven, ohne Stein, grün
- 250 g Cherrytomaten
- 200 g Schafskäse
- 2 EL Olivenöl
- Salz
- Pfeffer

Zubereitung:

1. Nudeln nach Anweisung garen.
2. Oliven in Scheiben schneiden.
3. Tomaten waschen und halb schneiden.
4. Käse in Würfel schneiden.
5. Nudeln abgießen und alle Zutaten miteinander mischen.

One Pot Rezepte

One Pot Pasta Tomate-Mozzarella

Zubereitungszeit: 30 Minuten
Portionen: 2
Zutaten:

- 260 g Nudeln
- 200 g Rispentomaten
- 1 kleine Zwiebel
- 1 Knoblauchzehe
- etwas Olivenöl
- 1 Handvoll Basilikumblätter, frische
- ½ Chilischote (je nach Wunsch mehr oder weniger)
- 1 EL Tomatenmark
- 600 ml Gemüsebrühe
- 1 Kugel Mozzarella
- evtl. Kräuter, italienische, bei Bedarf

Zubereitung:

1. Zuerst die Zwiebel und den Knoblauch abziehen, hacken und in etwas Olivenöl glasig anschwitzen. Dann Tomatenmark und Tomaten zugeben und ganz kurz mitdünsten. Bis auf den Mozzarella nun die restlichen Zutaten zugeben und ca. 10 bis 15 Minuten kochen lassen.
2. Sobald die Flüssigkeit nicht mehr zu sehen ist, den Mozzarella dazugeben. Auf kleiner Flamme erhitzen und unterrühren, bis er geschmolzen ist. Bei Bedarf mit italienischen Kräutern würzen. Sofort servieren.

One-Pot-Spätzle mit Räuchertofu

Zubereitungszeit: 30 Minuten
Portionen: 4
Zutaten:

- 300 g Baby-Blattspinat
- 250 g Champignons
- 200 g Räuchertofu
- 1 EL Pflanzenöl
- 3 EL Röstzwiebeln
- 80 ml Brühe
- 200 ml Sahne
- 1 Pck. frische Spätzle
- Salz und Pfeffer, frisch gemahlen
- 50 g Mozzarella, gerieben

Zubereitung:

1. Spinat waschen, Champignons putzen und in breite Scheiben schneiden. Räuchertofu in feine Würfel schneiden. Öl in einem Topf erhitzen, Champignons und Räuchertofu darin rundherum ca. 3 Minuten anbraten.
2. Spinat und Zwiebeln zugeben und weitere ca. 3 Minuten anbraten. Mit Brühe und Sahne ablöschen, Spätzle zugeben, mit Salz und Pfeffer würzen und abgedeckt bei niedriger Hitze ca. 5 - 10 Minuten köcheln lassen.
3. One-Pot-Spätzle mit Mozzarella bestreuen, kurz verrühren und servieren.

Penne all'arrabbiata

Zubereitungszeit: 50 Minuten
Portionen: 4
Zutaten:

- 400 g Penne Nudeln, roh
- 800 g gehackte Tomaten aus der Dose
- 600 ml Gemüsebrühe
- 2 EL Olivenöl
- 2 Zwiebeln gewürfelt
- 2 Knoblauchzehen, fein gehackt
- 2 Chilischoten scharf, in Ringe geschnitten
- 1 TL Salz mehr nach Geschmack
- schwarzer Pfeffer
- gemahlene Chili je nach gewünschter Schärfe
- optional: Petersilie frisch

Zubereitung:

1. Die ganzen Zutaten von Nudeln bis Salz in einen Kochtopf mit Deckel geben und gut verrühren. Das Ganze zum Kochen bringen, dann auf niedrige bis mittlere Hitze zurückschalten und den Deckel auflegen. 15 Minuten lang kochen.
2. Alle 5 Minuten einmal rühren. Nach 15 Minuten mit Pfeffer und etwas gemahlenen Chiliflocken abschmecken.
3. Die Nudeln nur mehr auf Teller anrichten und mit etwas frischer Petersilie bestreut servieren.

One Pot Nudeln mit Feta

Zubereitungszeit: 25 Minuten
Portionen: 4
Zutaten:

- 100 g Walnusskerne
- 1 Zwiebel
- 1 ½ Liter Tomatensaft
- 500 g Penne
- 1 Pck. Feta-Käse, ca. 200 g
- 1 Bund Petersilie

Zubereitung:

1. Die Walnusskerne zerkleinern und in einer Pfanne etwas rösten. Danach die Nüsse zur Seite stellen.
2. Zwiebeln anbraten und mit etwas Tomatensaft ablöschen. Nudeln dazugeben und kochen lassen. Währenddessen die Nudeln kochen, so viel Tomatensaft nachgießen, sodass die Nudeln gerade so mit dem Saft bedeckt sind. Immer mal umrühren.
3. Petersilie klein schneiden und den Feta-Käse krümeln.
4. Wenn die Nudeln al dente sind, die Hälfte des Feta-Käses und der Petersilie gut unterrühren und noch ein paar Minuten warm werden lassen.
5. Jetzt das Gericht auf Tellern mit dem restlichen Feta-Käse, der restlichen Petersilie und den Walnüssen garnieren und servieren.

One Pot Pasta mit Kohlrabi und Champignons

Zubereitungszeit: 25 Minuten
Portionen: 2
Zutaten:

- 200 g TK Rahm-Kohlrabi
- 160 g Farfalle Nudeln
- 200 ml Milch
- 250 ml Wasser
- 2 EL Frischkäse
- 160 g Champignons, weiß, mittelgroße, ca. 5 Pilze
- 1 Lauchzwiebel
- Salz und Pfeffer
- Muskatnuss, geriebene
- gemischte Kräuter, TK

Zubereitung:

1. Die TK Rahm-Kohlrabi mit den Farfalle Nudeln in einen Topf geben, die Milch und das Wasser hinzugeben.
2. Auf ganz hoher Stufe aufkochen lassen und gut umrühren. Auf mittlerer Stufe weiter köcheln lassen.
3. Die Champignons gründlich putzen, in Stücke schneiden und zu den Nudeln geben. Jetzt mindestens 10 Minuten, dann bis zur gewünschten Konsistenz, köcheln lassen. 1-2 Minuten vor Ende der Garzeit die klein geschnittene Lauchzwiebel hinzugeben und mit Salz, Pfeffer, einer Prise Muskat und einem Teelöffel TK Kräutern abschmecken.

One-Pot-Pasta mit Ziegenfrischkäse

Zubereitungszeit: 35 Minuten
Portionen: 3
Zutaten:

- 300 g Nudeln
- 1 Zwiebel, klein geschnitten
- ½ Paprika
- 4 Champignons, klein geschnitten
- 2 EL saure Sahne
- 500 ml Wasser
- 1 EL Ziegenfrischkäse
- Pfeffer & Salz
- Oregano

Zubereitung:

1. Nudeln, Wasser, Gewürze, klein geschnittene Paprika, klein geschnittene Champignons, klein geschnittene Zwiebeln in einen Kochtopf geben und zum Kochen bringen. Auf mittlerer Temperatur köcheln lassen, bis die Nudeln gar sind. Jetzt den Frischkäse dazugeben und anschließend die saure Sahne.
2. Nur noch heiß werden lassen, abschmecken und sofort servieren.

One Pot-Kürbis-Spaghetti mit Gorgonzola-Sahne

Zubereitungszeit: 30 Minuten
Portionen: 4
Zutaten:

- 1 Hokkaidokürbis (ca. 700 g)
- 2 Knoblauchzehen
- 4 EL Olivenöl
- 750 ml Gemüsebrühe
- 400 g Spaghetti
- 100 g Gorgonzola
- 100 g Schlagsahne
- bisschen Salz und Pfeffer, schwarzer, aus der Mühle
- 1 Bund Basilikum

Zubereitung:

1. Hokkaidokürbis gründlich putzen, abspülen und in etwa 1 cm große Würfel schneiden. Den Knoblauch abziehen und fein hacken.
2. In einem Topf Olivenöl erhitzen und die Knoblauchzehen darin andünsten. Dann die Kürbiswürfel dazugeben und etwa 2 Minuten mitdünsten. Nun die Gemüsebrühe zugießen und aufkochen lassen. Die Spaghetti einmal in der Mitte durchbrechen und hinzugeben. Das Ganze zugedeckt etwa 8-10 Minuten garen. Gorgonzola zerbröckeln und zusammen mit der Sahne zu den Kürbis-Spaghetti geben und unterrühren. Zugedeckt weitere etwa 3 Minuten köcheln lassen. Mit etwas Salz und Pfeffer aus der Mühle abschmecken. Das Basilikum abbrausen, trocken schütteln und die Blätter - bis auf einige zum Garnieren - grob hacken und zu den Kürbis-Spaghetti geben.
3. Nur noch auf Tellern anrichten und mit den übrigen Basilikumblättern garnieren.

One Pot Mac & Cheese

Zubereitungszeit: 30 Minuten
Portionen: 4
Zutaten:

- 400 g Makkaroni
- 80 g Gouda, gerieben
- 80 g Cheddarkäse, gerieben
- 1 Liter Milch
- 400 ml Sahne
- 2 Knoblauchzehen
- 1 TL Kurkuma
- 1 TL Muskat
- Salz & Pfeffer

Zubereitung:

1. Die Knoblauchzehen klein pressen.
2. Milch und Sahne in einem Topf bei hoher Temperatur ca. 2 Minuten erwärmen. Makkaroni, Knoblauch und geriebenen Kurkuma hinzugeben und unterrühren. Ungefähr 1 TL Muskat in den Topf geben und mit Salz und Pfeffer abschmecken. Die Mischung aufkochen lassen, anschließend für 10 - 15 Minuten köcheln lassen, dabei immer wieder umrühren.
3. Den geriebenen Gouda und Cheddar dazugeben und mit den gekochten Makkaroni vermengen. Mit Salz und Pfeffer erneut abschmecken.

One Pot Pasta mit Blattspinat

Zubereitungszeit: 30 Minuten
Portionen: 3
Zutaten:

- 250 g Nudeln
- 200 g TK-Blattspinat
- 200 ml Sahne
- 350 ml Gemüsebrühe
- Salz & Pfeffer
- Kräuter nach Geschmack
- 1 EL Öl zum Braten
- 1 kleine Zwiebel
- 1 Knoblauchzehe

Zubereitung:

1. Zwiebeln schälen, würfeln und in etwas Öl anbraten. Knoblauchzehe hacke und kurz mitbraten. Spinat und Nudeln dazugeben und direkt mit Gemüsebrühe und Sahne ablöschen. Nach Belieben würzen. Kurz aufkochen lassen und dann bei niedriger Hitze ca. 15 - 20 Minuten köcheln lassen, bis die Nudeln gar sind
2. Nur noch anrichten und genießen.

One Pot Pasta mit Brokkoli

Zubereitungszeit: 30 Minuten
Portionen: 2
Zutaten:

- 250 g Tomaten, passierte
- 1 Becher Sahne, 200 ml
- 100 ml Gemüsebrühe
- 250 g Nudeln
- ½ Brokkoli, in Röschen zerteilt
- einige Cocktailtomaten
- Gewürze, nach Wahl
- etwas Parmesan oder Grana

Zubereitung:

1. Brühe mit den passierten Tomaten und der Sahne in eine tiefe Pfanne geben. Nach Belieben würzen. Aufkochen lassen und dann die Nudeln hinzufügen, sodass die ganzen Nudeln bedeckt sind und alles jetzt 5 Minuten köcheln lassen.
2. Nun den Brokkoli hinzufügen und weiter köcheln lassen, bis alles gar ist. Zum Schluss den Parmesan unterheben und die Cocktailtomaten hinzufügen.

One Pot Rahmspinat-Fusilli

Zubereitungszeit: 35 Minuten
Portionen: 3
Zutaten:

- 1 Zwiebel
- 1 Knoblauchzehe
- 2 EL Olivenöl
- 450 g Rahmspinat, TK
- 1 TL Gemüsebrühepulver
- Salz & Pfeffer
- Muskatnuss, frisch gerieben
- 200 ml Milch
- 350 g Fusilli-Nudeln
- kochendes Wasser

Zubereitung:

1. Rahmspinat vor Zubereitung auftauen lassen.
2. Zwiebel in Würfel schneiden, Knoblauch fein hacken.
3. Olivenöl in einer Pfanne mit Deckel erhitzen und darin Zwiebel und Knoblauch glasig andünsten. Den Rahmspinat in die Pfanne geben und mit frisch geriebenem Muskat, der gekörnten Gemüsebrühe, Salz und Pfeffer würzen.
4. Fusilli-Nudeln, die Milch und soviel kochendes Wasser dazu geben, dass die Nudeln mit der Flüssigkeit leicht bedeckt sind.
5. Alles jetzt bei geschlossenem Deckel unter gelegentlichem Rühren bei mittlerer Hitze, solange kochen, bis die Fusilli gar sind.
6. Jetzt die fertigen Nudeln in der Rahmspinatsauce in tiefen Tellern servieren.

One Pot Pasta mit Mozzarella

Zubereitungszeit: 25 Minuten
Portionen: 3
Zutaten:

- 250 g Nudeln nach Wahl
- 500 g Tomaten
- 1 Pkg Mini Mozzarella (Minikugeln)
- 1 Zwiebel
- 4 Knoblauchzehen
- 4 EL Tomatenmark
- 1 EL Balsamico Essig
- 4 EL getrockneter Basilikum
- 500 ml Wasser
- 1 TL Salz
- 1 Prise Pfeffer aus der Mühle
- 1 Prise Zucker

Zubereitung:

1. Zwiebel und Knoblauch schälen und klein hacken. Tomaten waschen und halbieren.
2. Nudeln, Zwiebel, Knoblauch mit Tomatenmark, Basilikum, Salz, Pfeffer, Essig, Zucker und Wasser in einem großen Topf gut verrühren.
3. Die Zutaten im Topf für 10 Minuten kochen lassen. Tomaten mit dem Mozzarella in den Topf geben und etwa 5 Minuten weiter köcheln lassen.

One-Pot-Pasta mit Rahm-Zucchini

Zubereitungszeit: 25 Minuten
Portionen: 4
Zutaten:

- 500 g Spaghetti
- 1 Zwiebel
- 2 EL Olivenöl
- 700 ml Gemüsebrühe
- 300 ml Sahne (pflanzlich)
- 2 Zucchini (groß)
- 1 TL Zitronenschale (unbehandelt)
- 2 Msp Salz
- 1 Msp Pfeffer

Zubereitung:

1. Zucchini abwaschen, die Enden abschneiden und dann grob raspeln. Zwiebel schälen und fein würfeln.
2. Olivenöl in einem Topf erhitzen und die Zwiebelstücke darin für ca. 2-3 Minuten glasig dünsten.
3. Jetzt die Zucchini zugeben, ca. 4 Minuten anbraten und mit der Gemüsebrühe und der pflanzlichen Sahne auffüllen. Bei geschlossenem Deckel aufkochen lassen, die Spaghetti durchbrechen, hinzugeben, umrühren und für ca. 7 Minuten bei gelegentlichem Umrühren köcheln lassen.
4. Die Pasta mit der Zitronenschale verfeinern, mit Salz und Pfeffer würzen und servieren.

Fusilli mit Champignon-Petersil-Soße

Zubereitungszeit: 25 Minuten

Portionen: 4

Zutaten:

- 500 g Fusilli-Nudeln
- 600 g Champignons
- 1 EL Olivenöl
- 1 Bund Petersilie (glatte, fein gehackt)
- 1 Becher Sahne (250ml)
- Salz & Pfeffer

Zubereitung:

1. Fusilli-Nudeln nach Packungsanweißung al dente garen. Chamignons putzen und kleinschneiden.
2. Öl in einer Pfanne erhitzen, die Chamignons darin bissfest gardünsten. Die Sahne hinzugeben und einköcheln lassen. Mit Salz und Pfeffer abschmecken und die gehackte Petersilie zugeben.
3. Am Ende die Fusilli in die Soße geben und auf Tellern anrichten.

Pasta mit cremiger Tomatensoße

Zubereitungszeit: 30 Minuten

Portionen: 4

Zutaten:

- 2 EL Olivenöl
- 8 getrocknete Tomatenhälften in Olivenöl, klein geschnitten
- 2 EL Tomatenmark
- 1 TL Paprikapulver
- 1 TL italienische Gewürzmischung
- 3 Knoblauchzehen, zerdrückt
- 2 Schalotten, klein geschnitten
- 500 ml Sojamilch (ungesüßt)
- 400 g Penne-Nudeln
- 500 g Cherrytomaten, halbiert
- 1 TL Meersalz
- 1/4 bis 1/2 TL Chiliflocken, nach Bedarf
- 3 Handvoll Spinat

Zubereitung:

1. Olivenöl in einer Pfanne auf hoher Stufe erhitzen. Die getrockneten Tomaten, das Tomatenmark, das Paprikapulver, die italienischen Gewürze, den Knoblauch und die Schalotten hineingeben und unterrühren kochen. Solange kochen lassen, bis das Tomatenmark dunkel wird und karamellisiert und das die Schalotten glasig werden.
2. Die Sojamilch, die ungekochten Nudeln, die Tomaten, das Meersalz und die Chiliflocken in die Pfanne geben und gut vermischen. Danach das alles zum Kochen bringen und dann das Kochfeld auf niedrige Stufe stellen und zugedeckt weitere 15 Minuten köcheln lassen bis die Pasta al dente ist.
3. Sobald die Pasta al dente ist, den Spinat hineinrühren und alles weiter kochen, bis der Spinat welk ist (dauert ca. 1 Minute). Danach nur anrichten und genießen.

Nacho Rezepte

Gefüllte, überbackene Nachos

Zubereitungszeit: 20 Minuten

Portionen: 3

Zutaten:

- 1 Tüte Tortillachips
- 250 g Käse, gerieben
- 450 g Tomaten, passierte
- 150 g Linsen, rote, eingelegt
- 290 g Kichererbsen, eingelegt
- 200 g Mais
- 20 g Tacogewürz (oder andere Gewürze wie: Paprika, Knoblauch, Oregano, Chili)
- etwas Salz und Pfeffer

Zubereitung:

1. Backofen auf 200 Grad (Ober- und Unterhitze) vorheizen.
2. Linsen, Kichererbsen und Mais in einer Schale gründlich miteinander vermischen. Danach die passierten Tomaten hinzugeben. Mit den Tacogewürz und eventuell Salz und Pfeffer abschmecken.
3. Tortillachips auf einem Backblech auslegen und die Füllung darauf verteilen. Jetzt den Käse darüber streuen und das Blech auf mittlerer Schiene in den Backofen stellen.
4. Nach ungefähr ca. 10 Minuten, wenn der Käse schön braun ist, servieren und genießen.

Käse Nachos

Zubereitungszeit: 10 Minuten

Portionen: 4

Zutaten:

- 3 Beutel Nachos, würzig, à 100 g
- 250 g Cheddarkäse
- 1 kleine Paprikaschote, rot
- 1 kleine Paprikaschote, grün
- 1 TL Chilipulver
- 1 TL Kapern
- 1 Chilischote

Zubereitung:

1. Nachos auf einem Backblech aufteilen. Cheddarkäse fein reiben und über die Nachos verteilen. Paprikaschoten sowie Chilischote in kleine Würfel schneiden und über die Nachos geben. Die Kapern hinzugeben und nach Belieben noch mit etwas Chilipulver würzen.
2. Backofen auf 300 Grad (Ober- und Unterhitze) aufheizen und die Nachos bei voller Temperatur ca. 5 Minuten backen.

Bohnen Tacos mit Garnitur

Zubereitungszeit: 10 Minuten
Portionen: 4
Zutaten:

- 12 Tacoschalen (Tacoshells)
- 4 Knoblauchzehen
- 2 Dosen Tomaten, gehackte
- 2 Dosen Bohnen, schwarze
- 4 EL Tabasco
- 1 TL Kreuzkümmel
- Salz
- **Zutaten für die Garnitur:**
- 12 Kirschtomaten
- 1 Avocado
- 1 Dose Maiskörner
- 1 Bund Koriander

Zubereitung:

1. Die Bohnen waschen und abtropfen lassen. Die gehackten Tomaten abtropfen lassen. Die Sauce wird nicht benötigt. Die Knoblauchzehen kleinhacken.
2. Etwas Öl in einer Pfanne erhitzen und den Knoblauch kurz anschwitzen. Bohnen, abgetropfte Tomaten, Tabasco und Kreuzkümmel zugeben und 5 Minuten köcheln lassen. Mit Salz abschmecken.
3. Für die Garnitur die Avocado würfeln, die Kirschtomaten vierteln, den Mais abtropfen lassen und den Koriander kleinhacken. Zusammen in eine Schale geben und mit Salz abschmecken. Die Bohnenmasse auf die Tacoshells verteilen. Die Avocadomischung darauf geben und die Tacos warm servieren.

Linsen-BBQ-Tacos

Zubereitungszeit: 10 Minuten
Portionen: 4
Zutaten:

- 12 Tacoschalen
- 500 ml Gemüsebrühe
- 100 ml Salsa
- 300 g Tomaten, in Stücken
- 200 g Linsen, getrocknet
- 2 Zwiebel
- 2 Knoblauchzehen
- 3 EL BBQ-Sauce
- 1 EL Kümmel
- 1 TL Oregano
- 1 Jalapeño (eingelegte Chipotle)

Zubereitung:

1. Zwiebeln, Knoblauch und die eingelegte Chipotle fein würfeln. Etwas Öl in einer Pfanne erhitzen und die Zwiebel glasig anschwitzen. Knoblauch hinzugeben und ebenfalls 1 Minute anschwitzen.
2. Linsen, Kümmel, Oregano und die Chipotle hinzufügen und kurz anschwitzen. Brühe hinzugeben und alles mit Deckel bei mittlerer Hitze kochen, bis die Linsen schön gar sind.
3. Tomaten, Salsa und BBQ Sauce hinzugeben und unterrühren. Unter Rühren ohne Deckel weiterkochen, bis die Flüssigkeit verkocht ist und die Linsenmasse andickt. Sie darf sogar leicht anbacken, so entstehen leckere Röstaromen.
4. Mit Salz und Pfeffer abschmecken und in die Tacos füllen.

Bohnen-Tacos

Zubereitungszeit: 10 Minuten
Portionen: 4
Zutaten:

- 1 Paket Räuchertofu (etwa 250 g)
- 1 Paprikaschote, rot oder gelb
- 2 große Tomaten
- 2 Dosen Bohnen, rote, mit der Flüssigkeit
- 3 Zwiebel, rot
- 9 Tacos (Taco-Brote)
- EL Paprikapulver
- EL Chilipulver
- 3 Zehen Knoblauch
- 4 EL Olivenöl
- TL gehäuft Salz und Pfeffer
- viel Salatblatt nach Wahl
- 1 Schälchen Hummus oder Avocadopaste
- 1 Schälchen Joghurt, nach Geschmack gewürzt oder Mayonnaise

Zubereitung:

1. Den Tofu und einen Teil der Paprika in kleine Würfel schneiden und mit reichlich Paprika- und Chilipulver würzen. 1 EL Olivenöl hinzufügen und alles schön umrühren.
2. Zwiebeln und Knoblauch klein schneiden und in Olivenöl glasig braten. Anschließend Tofu und Paprika hinzufügen, eine klein geschnittene Tomate hinzufügen und alles bei relativ starker Hitze kräftig anbraten. Die Bohnen samt Flüssigkeit hinzufügen, die Hitze reduzieren und mit Deckel alles köcheln lassen. Nach einiger Zeit die restliche Paprika und Tomate schneiden und hinzufügen. Mit Salz und Pfeffer gut würzen und köcheln lassen, bis die gewünschte Sämigkeit erreicht ist.
3. Die Taco-Brote mit Hummus oder Avocadopaste bestreichen, reichlich Salat nach Wahl und die Bohnenfüllung hineinpacken und eventuell mit Mayonnaise oder einer Joghurtsoße abrunden.

Regenbogen-Tacos mit Süßkartoffel und Tahini

Zubereitungszeit: 10 Minuten
Portionen: 4
Zutaten:

- **Zutaten für die Tacos:**
- 4-6 Maistacos (oder Weizentacos, nicht glutenfrei)
- 1 große Süßkartoffel
- 1 Becher Rotkohl
- 2 große Karotten
- 1 Packung Halloumi oder Tofu
- 1 Bund Petersilie
- 1 Prise Salz
- 1 TL Pfeffer (schwarz)
- etwas Muskat (frisch)
- 1 EL Olivenöl
- **Zutaten für das Dressing:**
- 2 EL Tahini
- 1 EL Erdnussmus
- 1 Limette
- 1 EL Sojasauce
- 1 EL Sesamöl
- etwas Sesam (zum Bestreuen)

Zubereitung:

1. Die Süßkartoffel schälen und in grobe Würfel schneiden. Währenddessen in einem Topf Wasser zum Kochen bringen. Sobald das Wasser kocht, die Würfel hinzugeben und die Süßkartoffel so lange kochen, bis sie zerfällt.
2. Nun mit einem Kartoffelstampfer, eine breiige Konsistenz herstellen und mit Salz, Pfeffer und Muskat abschmecken.
3. Währenddessen die Tacos in Alufolie, nach Anleitung, im Ofen erwärmen.
4. Den Rotkohl und die Karotten in feine Streifen schneiden. Die Avocado aushöhlen und ebenso in 1cm dicke Scheiben schneiden. Die Petersilie hacken.
5. Den Halloumi in Scheiben schneiden, Olivenöl in eine Pfanne geben und goldbraun anbraten bei mittlerer Hitze.
6. Nun die Tacos aus dem Backofen holen und die Zutaten auf den Tacos verteilen. Alle Zutaten mittig auf den Tacos legen. So, dass unten und oben, sowie an den Seiten noch Platz ist. Zuerst etwas Kartoffelpüree, etwas Karottenstreifen, Rotkohlstreifen und die Avocado darauf drapieren.
7. Nun den Halloumi oder den Tofu hinzufügen und mit dem Dressing beträufeln. Etwas frische Petersilie und Sesam und auf Wunsch gerne noch etwas extra Limettensaft darauf geben. Schließen und genießen.

Taco-Schalen mit Obstsalat

Zubereitungszeit: 10 Minuten
Portionen: 4
Zutaten:

- **Zutaten für die Schälchen:**
- 60 g Dinkelmehl
- 1 EL Olivenöl
- 1 Prise Salz
- 60 g Maismehl
- 1 EL Zucker
- **Zutaten für den Obstsalat:**
- 250 g Erdbeeren
- 4 Kiwis
- 1 Limette
- 4 Nektarinen
- 1 Handvoll Minze

Zubereitung:

1. Dinkel- und Maismehl mit Olivenöl, Zucker und Salz vermengen und zu einem tollen Teig kneten. Die Masse in vier gleiche Teile portionieren und jeweils mit dem Nudelholz zwischen zwei Lagen Backpapier auf 1-2 mm kreisförmig ausrollen.
2. Pfanne erhitzen und die Tacos ohne Fett beidseitig 1-2 Minuten herausbacken. Vorsichtig in Taco-Form aufbiegen und über einen Backofenrost gehängt auskühlen lassen.
3. Für die Füllung das Obst waschen, entkernen, schälen und kleinschneiden. Die Limette auspressen. In einer Schale das Obst mit Minzblättern und den Limettensaft vermengen. Die fertige Füllung auf die Tacos aufteilen und möglichst frisch servieren.

Nachos mit Zimtzucker

Zubereitungszeit: 45 Minuten
Portionen: 4
Zutaten:

- **Zutaten für den Zimtzucker:**
- 100 g Staubzucker
- 1 EL Zimt (gemahlen)
- **Zutaten für die Nachos:**
- 100 g Maismehl
- 50 g Weizenvollkornmehl
- 50 g Weizengrieß
- 20 g Maiskeimöl
- 20 g Zucker
- 1 Prise Salz
- 200 ml Sojamilch

Zubereitung:

1. Die ganzen Zutaten für die süßen Nachos mit den Knethaken der Küchenmaschine einige Minuten lang zu einem kompakten, elastischen Teig kneten.
2. Die Sojamilch vorsichtig dazugeben, damit er nicht zu weich wird. Aus dem Teig eine Kugel formen und in einem verschlossenen Gefäß im Kühlschrank ca. 1 Stunde rasten lassen.
3. Den Backofen auf 180 °C Umluft vorheizen. Den Teig in 4 Portionen teilen und jede Portion 1-3 mm dünn, am besten schon auf einem Bogen Backpapier, ausrollen.
4. Mit einem eingeölten Messer oder einem Pizzarad in kleine Dreiecke schneiden. Da der Teig nicht aufgeht, können die Nachos eng nebeneinander liegen bleiben.
5. 15-20 Minuten backen, bis die Nachos gleichmäßig schön goldbraun sind. Für den Zimtzucker den Zucker und den Zimt in einem Staubzuckerstreuer mischen.
6. Die fertigen Nachos so heiß wie möglich mit dem Zimtzucker bestreuen und auskühlen lassen. Süße Nachos passen perfekt zu Schoko- oder Karamellsauce, oder zu Eis.

Desserts

Himbeer-Quark-Swirl

Zubereitungszeit: 15 Minuten

Portionen: 4

Zutaten:

- 150 g Himbeeren (frisch oder TK)
- 25 g Baisertuffs
- 100 g Schlagsahne
- 250 g Magerquark
- 4 EL Zucker

Zubereitung:

1. Die Himbeeren ggf. auftauen lassen. Frische Beeren verlesen und evtl. waschen. ⅓ Himbeeren pürieren. Baiser grob zerbröseln. Die Sahne steif schlagen. Quark und Zucker verrühren. Sahne unter den Quark heben.
2. Himbeerpüree, Beeren und Baiser kurz unterheben. In Gläser füllen und kalt stellen.

Quarkkuchen-Muffins

Zubereitungszeit: 50 Minuten

Portionen: 4

Zutaten:

- 500 g Magerquark
- 2 Stk. Eier
- 2 EL Grieß
- 1/2 TL Backpulver
- 100 g Butter (weich)
- 170 g Zucker
- 1 PK Vanillezucker
- 1 PK Vanillepuddingpulver
- etwas Zitronensaft

Zubereitung:

1. Die ganzen Zutaten miteinander vermengen, den Teig in Muffinförmchen füllen und bei 180 Grad ca. 30-40 Minuten backen.

Mascarpone-Espresso-Creme

Zubereitungszeit: 15 Minuten

Portionen: 4

Zutaten:

- 6 TL Espressopulver (instant)
- 125 g Mascarpone
- 500 g Magerquark
- 50 g Zucker
- 2 EL Zucker
- 200 g Schlagsahne
- 4 EL schokolierte Kaffeebohnen (schokoladeüberzogene Kaffeebohnen)
- 1 TL Puderzucker

Zubereitung:

1. Das Espressopulver in einer Tasse in 6 EL heißem Wasser auflösen und auskühlen lassen.
2. Mascarpone, Quark, hälfte Espresso und 50 g Zucker mit den Schneebesen des Rührgeräts glatt rühren. Sahne steif schlagen, dabei 2 EL Zucker einrieseln lassen. Sahne unter die Creme heben. Rest Espresso mit einer Gabel vorsichtig in die Creme einstrudeln.
3. Mascarponecreme am besten mit einem Esslöffel in vier Gläser füllen. Mit je 1 EL schokolierten Kaffeebohnen bestreuen. Mit Puderzucker bestäuben.

Himbeer-Cookie-Trifle

Zubereitungszeit: 10-15 Minuten

Portionen: 2-3

Zutaten:

- 150 g Tiefkühl Himbeeren
- 130 g Double-Chocolate-Cookies
- 150 g Schlagsahne
- 300 g Vanillequark

Zubereitung:

1. Die Beeren etwas antauen lassen. Kekse grob zerbröseln. Sahne steif schlagen und unter den Quark heben.
2. Vanillecreme, angetaute Beeren und Keksbrösel in eine Schüssel schichten.

Schokokuss-Creme mit Mandarinen

Zubereitungszeit: 15 Minuten

Portionen: 4

Zutaten:

- 8 Schokoküsse
- 200 g Schlagsahne
- 250 g Magerquark
- 1 Dose (à ca. 315 g) Mandarin-Orangen
- 1 Pck. (à ca. 176 g) gefüllte Kakaokekse

Zubereitung:

1. Die Schaumküsse von den Waffeln ablösen. 4 Waffeln beiseitelegen, übrige Waffeln anderweitig verwenden. Sahne steif schlagen. Quark und Schaumküsse verrühren. Sahne unterheben.
2. Mandarinen in ein Sieb geben und abtropfen lassen. Kekse klein hacken. Kekse, Mandarinen und Creme in 4 Gläser schichten und mit Waffeln garnieren.

Käsekuchen-Shake

Zubereitungszeit: 5 Minuten

Portionen: 2

Zutaten:

- 250 g Magerquark
- 250 g Buttermilch
- 1 Msp. gemahlene Vanille
- 2 EL gemahlene Mandelkerne
- 3-4 EL Agavendicksaft

Zubereitung:

1. Quark, Buttermilch, Vanille, Mandeln und Agavendicksaft im Mixer fein pürieren, bzw. aufmixen.
2. In Gläser füllen und mit Vanille bestreuen.

Vanille-Herzwaffeln

Zubereitungszeit: 15-20 Minuten
Portionen: 6 Stück Waffeln
Zutaten:

- 100 g weiche Butter
- 25 g Zucker
- 1 Päckchen Bourbon-Vanillezucker
- ½ Prise Salz
- 3 Eier
- 150 g Mehl
- 1 gestrichener TL Backpulver
- ⅛ L Milch
- Etwas Fett

Zubereitung:

1. Butter, Zucker, Vanillezucker und Salz gründlich verrühren. Eier einzeln unterrühren. Mehl und Backpulver mischen und abwechselnd mit der Milch kurz unterrühren. Den Teig etwa 10 Minuten quellen lassen.
2. Waffeleisen vorheizen und einfetten (es geht natürlich auch einer der Pfanne). Pro Waffel 1 1/2-2 EL Teig hineingeben und goldbraun backen. Herausnehmen und auf einem Kuchengitter abkühlen lassen.

Schokoladenmuffins

Zubereitungszeit: 35 Minuten
Portionen: 3
Zutaten:

- 125 g Butter
- 1 Prise Salz
- 125 g Zucker
- 3 Eier
- 250 g Mehl
- 1 EL Zimt
- 2 TL Backpulver
- 75 g Kakaopulver
- 125 ml Milch

Zubereitung:

1. Alle Zutaten miteinander in einer Schüssel verrühren.
2. Den Teig in einer gefetteten Form ca. 30 Minuten bei 180 °C backen.

Hüttenkäse mit Apfelkompott und Preiselbeeren

Zubereitungszeit: 5 Minuten

Portionen: 1

Zutaten:

- 150 g Hüttenkäse
- 1 TL Ahornsirup
- 1 EL stückiges Apfelmus
- 1 TL Preiselbeeren (Glas, im eigenen Saft)
- Minze und Apfelspalt

Zubereitung:

1. Den Hüttenkäse in eine Schüssel geben und mit Sirup beträufeln.
2. Apfelmus und Preiselbeeren darauf anrichten. Mit Minze und Apfelspalt verzieren.

Hüttenkäse-Vanilledessert

Zubereitungszeit: 20 Minuten

Portionen: 2

Zutaten:

- 4 Blatt Gelatine
- 4 EL Pfirsichsaft (a.d. Dose)
- 200 g Schlagsahne
- 200 g Hüttenkäse
- 2 (à 150 g) Becher Vanille-Joghurt
- 2 Pfirsichhälften (a.d. Dose)
- 100 g Heidelbeeren
- Zitronenmelisse

Zubereitung:

1. Die Gelatine in kaltem Wasser einweichen. Saft erwärmen, Gelatine darin auflösen. Sahne steif schlagen. Hüttenkäse, Joghurt verrühren. Gelatine mit Saft unterrühren. Sahne unterheben. Creme auf vier Dessertgläser verteilen und im Kühlschrank festwerden lassen.
2. Mit Pfirsichspalten, Heidelbeeren und Melisse verzieren.

Cottage Cheese mit Aprikosen und Pistazien

Zubereitungszeit: 5 Minuten

Portionen: 2

Zutaten:

- 4 Aprikosenhälften (à ca. 16 g;
- 5 g Pistazienkerne
- 150 g körniger Frischkäse (0,8 % Fett)
- 1 EL Magermilch-Joghurt
- 1 TL flüssiger Honig

Zubereitung:

1. Die Aprikosen in Spalten schneiden. Pistazien fein hacken. Hüttenkäse und Joghurt glatt rühren. Mit Aprikosen, Honig und Pistazien anrichten.

Schokoladen-Blätterteig-Päckchen

Zubereitungszeit: 35 Minuten

Portionen: 15

Zutaten:

- 1 Blätterteig aus dem Kühlregal
- 1 kleines Glas Nutella
- 1 kleines Ei

Zubereitung:

1. Den Backofen auf 180 Grad (Heißluft) vorheizen. Den Blätterteig ausrollen und in ca. 5 x 5 cm große Quadrate schneiden.
2. Dann auf jedes Quadrat etwas Nutella geben, zusammenklappen und die Ränder evtl. mit einer Gabel festdrücken. Die Quadrate auf einem Blech verteilen und mit einem verquirlten Ei bestreichen. Ca. 15 - 20 Minuten backen, bis sie braun sind.

Nutella-Haferflocken Donuts

Zubereitungszeit: 30 Minuten

Portionen: 5-10 Stück

Zutaten:

- 1 Ei
- 1 EL Nutella
- 1 EL Kakao
- 4 EL Haferflocken (zartschmelzend)
- 1 EL Eiweißpulver (optional)
- 1 Schuss Milch
- 1 TL Backpulver

Zubereitung:

1. Die ganzen Zutaten in eine Schüssel geben und mindestens 1 Minute lang schaumig mixen. Den Backofen auf 170 Grad vorheizen und den Teig in Donutförmchen füllen.
2. Die Donuts für 20 Minuten backen (Stäbchenprobe machen). Die Nutella-Haferflocken Donuts am besten mit warmem Nutella dekorieren.

Erdbeer-Donuts

Zubereitungszeit: 30 Minuten

Portionen: 10 Stück

Zutaten:

- 260 g Mehl
- 160 g gefrorene oder frische Erdbeeren
- 200 g Honig
- 2 TL Backpulver
- ½ TL Salz
- ½ Vanille-Aroma
- 2 TL Apfelessig
- 120 ml Milch
- Donut Backform

Zubereitung:

1. Mehl, Erdbeeren, Honig, Backpulver, Salz, Vanille, Apfelessig und Milch gründlich mischen.
2. Eine Donut-Backform mit Öl gut einfetten.
3. Danach den Teig hineingeben.
4. Bei 180 °C für gute 20 Minuten backen.
5. Mit Puderzucker bestreut servieren.

Zitronen-Donuts

Zubereitungszeit: 20 Minuten
Portionen: 28 Stück
Zutaten:

- 100 g Butter, weich
- 100 g Zucker
- 100 g Mehl Type 405
- 2 Eier
- 1 TL Backpulver
- 1 TL Zitronenabrieb
- 150 g Puderzucker
- 10 TL Zitronensaft
- 50 g Butter, flüssige, für die Backform
- Zuckerstreusel zum Garnieren
- **Außerdem: (optional)**
- 1 EL Backkakao
- 1/2 Vanilleschote, das Mark davon

Zubereitung:

1. Den Backofen auf 160 Grad Umluft (180 °C Ober-/Unterhitze) vorheizen.
2. Zucker, Eier und Zitronenabrieb schön schaumig rühren, bis sich die Menge etwa verdoppelt hat. Die weiche Butter ebenfalls unterrühren. Das mit dem Backpulver vermengte Mehl unterrühren. Den Teig in einen Spritzbeutel oder eine Gefriertüte einfüllen.
3. Die Backform für die Donuts mit der flüssigen Butter einfetten und den Teig ca. 2/3 hoch einfüllen.
4. Auf mittlerer Schiene ca. 8 - 9 Minuten backen. Danach abkühlen lassen.
5. Aus Puderzucker und Zitronensaft den Guss herstellen und die Donuts eintunken und verzieren.

Haferflocken-Mandel-Donuts

Zubereitungszeit: 30 Minuten
Portionen: 5 Stück
Zutaten:

- 1 Ei
- 1 EL Mandelmus
- 4 EL Haferflocken
- 1 EL Eiweißpulver (optional)
- 1 Schuss Milch
- 1 TL Backpulver
- 1/2 Flasche Bitter-Mandel-Aroma (ca. 1 ml)
- **Für die Dekoration:**
- Mandelmus
- Schokostreusel

Zubereitung:

1. Die Zutaten (außer die für die Dekoration) in eine Schüssel geben und für eine Minute lang schön schaumig rühren.
2. Backofen auf 170 Grad Backofen vorheizen.
3. Den gerührten Teig in Donutförmchen füllen und 17-20 Minuten backen.
4. Fertigen Donuts mit Schokostreusel sowie dem Mandelmus dekorieren.

Quark-Kakao-Donuts

Zubereitungszeit: 50 Minuten
Portionen: 12-15 Stück
Zutaten:

- 150 g Mehl
- 50 g Kakaopulver
- ½ Pck. Trockenhefe
- 50 g Honig
- 25 g Zucker
- 120 ml Sahne, lauwarm
- 2 Eier
- 75 g Quark
- 1 Prise Salz
- Fett für die Backform

Zubereitung:

1. Das Weizenmehl in eine Rührschüssel sieben und mit Trockenhefe sorgfältig vermischen. Die ganzen anderen Zutaten hinzufügen und alles mit einem Mixer mit Knethaken etwa 5 Minuten lang zu einem Teig verarbeiten. Nun den Teig zugedeckt für 20 Minuten an einem warmen Ort stehen lassen, bis er sich vergrößert hat.
2. Jetzt den Teig in die gefetteten Donutformen füllen und den Teig noch einmal an einem warmen Ort gehen lassen. Bei Ober-/Unterhitze 180 Grad etwa 20 Minuten backen.

Vielen Dank

Ich möchte mich bei dir bedanken, dass du dich für dieses Kochbuch entschieden hast.

Ich hoffe, dass dir die Rezepte in dem Kochbuch gefallen haben.

Zuletzt wünsche ich dir noch alles Gute und weiteres tolles Gelingen der Gerichte.

Impressum

Fabian Magrutsch
Vitusgasse 7/1/3
1130 Wien